与最聪明的人共同进化

CHEERS

HERE COMES EVERYBODY

2006 年第一届戈壁挑战赛，戈壁之路

2006 年第一届戈壁挑战赛，翻越铁丝网

2006 年第一届戈壁挑战赛终点

2007 年第二届戈壁挑战赛，使命必达

2007 年第二届戈壁挑战赛，受伤

2008 年第三届戈壁挑战赛，冲向终点

2008 年第三届戈壁挑战赛，第一代领跑衫

2008 年第三届戈壁挑战赛，我们是冠军

第三届"玄奘之路"商学院戈壁徒步挑战赛长江选拔赛

红牛预祝长江商学院戈壁挑战赛成功

2008年，长江商学院首次举办白沟选拔赛

2009 年第四届戈壁挑战赛，铁三角诞生（1）

2009 年第四届戈壁挑战赛，铁三角诞生（2）

2010 年第五届戈壁挑战赛，疏勒河

2010 年第五届戈壁挑战赛，背影

2010 年第五届戈壁挑战赛，走过茫茫戈壁，都是姐妹兄弟

2011 年第六届戈壁挑战赛，戈壁是一本教科书

2011 年第六届戈壁挑战赛，畅谈

2012 年第七届戈壁挑战赛，B 队合影

2012 年第七届戈壁挑战赛，让长江的旗子飞起来

2012 年第七届戈壁挑战赛终点

2012 年第七届戈壁挑战赛，团队之力

2012 年第七届戈壁挑战赛，彼此相依

2012 年第七届戈壁挑战赛，携手共进

2014 年第九届戈壁挑战赛，我们是冠军（2）

2014 年第九届戈壁挑战赛，我们是冠军（3）

13 年第八届戈壁挑战赛，我们是冠军（1）

2014 年第九届戈壁挑战赛，比赛日

2014 年第九届戈壁挑战赛 B 队，我们是沙尘暴中的"罗马军团"

2015 年第十届戈壁挑战赛，进击

2015 年第十届戈壁挑战赛，逆袭（1）

2015 年第十届戈壁挑战赛，逆袭（2）

2016 年第十一届戈壁挑战赛 A 队

2016 年第十一届戈壁挑战赛 B 队

2017 年第十二届戈壁挑战赛，突破

2017 年第十二届戈壁挑战赛 B 队

2017 年第十二届戈壁挑战赛 B 队冲锋队

CKGSB 长江商学院戈十三B队广州集训 分享通信 SHARING MOBILE

2018 年第十三届戈壁挑战赛 B 队

当戈壁遇见长江

遇见长江

长江人的玄奘之路

一堂关于赢的商学院必修课

小刀崔 ◎ 著

浙江人民出版社

ZHEJIANG PEOPLE'S PUBLISHING HOUSE

强者有为

项兵

长江商学院创办院长

中国商业与全球化教授

在 2005 年长江商学院第一届毕业典礼上，李嘉诚先生做了题为《强者有为》的演讲。李先生讲到，长江校友是懂得掌握和有能力主宰自己生命的人。"强者的有为，关键在我们能否凭仗自己的意志坚持我们正确的理想和原则；凭仗我们的毅力、实践、信念、责任和义务，运用我们的知识，创造丰盛精神和富足的家园；我们能否将自己生命的智慧和力量融入我们的文化，使它在瞬息万变的世界中历久常新；我们能否贡献于我们深爱的民族，为她缔造更大的快乐、福祉、繁荣和非凡的未来。"

我想，李先生关于强者有为的理念，诠释了戈壁挑战赛的理念以及长江同学们展现出的自我精神修炼，这一切也是长江文化的体现。

　　每年 5 月举行的商学院戈壁挑战赛是对个人意志、体能素质、战略战术和团队协作等方面的综合考验。在精神层面，这项比赛的意义已经超越赛事本身。黄沙漫道，烈日孤城，在这条曾经连接了东西方信仰与财富的丝绸之路上，历史与现实再一次交会。4 天 112 公里的戈壁穿越，对于包括长江商学院校友在内的大中华区商学院所有参赛者，更像一次探索商业意义、叩问企业家精神的回归之旅。

　　今年是中国改革开放 40 周年，这 40 年间，中国经济发生巨大跃迁，也造就了一个全新的群体——企业家。但作为一个群体，中国企业家在公众面前的形象始终是模糊的、片面的，活跃在公众视野中的只有金字塔顶端的少数"超级明星"。当我们惊叹中国经济的巨大成就时，更应将目光从塔尖转向塔基。正是成百上千万身处金字塔底部、默默无闻的"大多数"，推动了中国改革开放的进程。他们渗透在中国经济的每一个细微毛孔中，用他们生生不息的生命力为中国经济注入了活力，这是强者有为的精神。

　　在《当戈壁遇见长江》一书中，我们看到这些强者，看到他们的毅力、实践、信念、责任和义务。在这本书中，你将看到这样一群人：他们有勇有谋，有强烈的赢的渴望；他们有梦想，有情怀，更有让梦想落地的实力和毅力；他们敢于发现问题、解决问题、达成目标；他们有极强的自尊心、荣誉感，但当面对团队荣誉时也可以义无反顾地牺牲自我；他们有坚韧的毅力，全力以赴；他们豁得出去，敢拼敢干；他们更有强烈的使命感，敢于决策，勇于担当。

在这本关于戈壁的书里，汗水、泪水、欢笑、伤痛，与商业共筑了中国企业家的丰满人生。他们在戈壁上展现出的勇气、执着、担当、责任和奉献，也为以长江校友为代表的中国企业家提供了更感性、更生动、更丰满的关于企业家精神的注解。

玄奘之路，是一段坚韧与信念之旅。戈壁不需要英雄，因为每个人都是自己的英雄，但是戈壁需要精神，每个人都需要一种精神。"理想、行动、坚持"可以让一个人走得远，实现个人的梦想，而"感恩、传承、陪伴"才能让一群人走在一起，将梦想变成精神。

今天，中华民族伟大复兴的道路需要一批具有全球视野、社会责任感和人文关怀的商界领袖。从创办之日起，长江商学院就希望她的学员不仅成为物质财富的创造者，而且要怀抱"为天地立心，为生民立命，为往圣继绝学，为万世开太平"的使命和担当，从富足的生活迈向丰盈的生命。

值得欣喜的是，亲临戈壁的长江校友以不同的方式参与公益与学习活动，从"长江知行林"、"银河长江新村"到"善果枸杞"，从自来水入户工程到一对一帮扶贫困家庭学生，长江公益在戈壁落地生根。长江教授、校友们用世界一流的学术研究与管理实践，为当地区域经济的发展贡献知识和力量。无论是赛场内还是赛场外，都是长江商学院的骄傲。

王安石在《游褒禅山记》中曾云："世之奇伟、瑰怪，非常之观，常在于险远，而人之所罕至焉，故非有志者不能至也。"玄奘取经，百折不回，是因心怀天降大任、舍我其谁的使命感。当今世界在经济发展模式、科技、社会、国家治理、全球贸易与投资体系、全球治理、地缘政治、气候变化与可持续发展、包容性增长等方面都正在经历或孕育着重大变革，站在月球看地球，在这样一个多种颠覆式变革汇聚的时代，倡导企业家精神正当其时。愿更多的强者，超越小我追求大我，在时代的感召下，更有为。

扫码获取"湛庐阅读"App，
搜索"当戈壁遇见长江"，
体验这堂关于赢的商学院必修课。

什么是企业家，说白了就是一句话：这是一批发现问题、解决问题、达成目标的人，他们有极强的自尊心，极其坚韧，视荣誉高于一切，全力以赴，使命必达。投射到戈赛上，他们豁得出去，敢拼敢干，除了荣誉，表现的更多是责任，是"我们之间相互的责任"。

第一部分
戈赛是人生的另一场创业

戈壁是一本教科书　/011

戈壁之路并不是普通之路。每个人每天的终点都没有区别，可每个人到达终点的路径却完全不同，行程中的经历和体验当然更是千差万别。茫茫戈壁，路在每个人的心中。这很像人生的旅程，4天的行走其实超越一生。

01

02

永不掉队，为荣誉而战　/027

在戈壁上，精疲力竭之时，你怀疑的不仅仅是意志力，几乎是怀疑一切，在怀疑中动摇，但当你看到队友们为了团队荣誉拼命的时候，你遭的罪受的苦又算什么？无暇多想，心里只有一点，你不能掉队，不能拖后腿，大家拧成一股绳儿，为荣誉、为尊严而战。

使命必达，引爆正能量 /073

人，就是一个传导体，但大多时候，这个传导体都是有杂质和沉淀物的，负能量在其中郁结。这时，你是封闭的，没法通畅地传递正能量。如果你能不断清洁自己，影响周围几十、几百甚至成千上万的人，这个传导体就是一把小火炬，能触动别人去追求同样的事业。

06

07

十人成军，团队之力 /081

戈赛选拔队员不是唯成绩论，队员之间的磨合与信任很重要。如果不在一起训练，就很难让别人了解、信任你。每个队员都清楚，靠自己单打独斗远远不够，要让小伙伴们拧成一根绳，行动起来、坚持下来，才可能真正实现目标。

坚持本身就是意义 /093

08

坚持不需要意义，因为坚持本身就是种意义。在这个过程中，酸甜苦辣都促成了我们的人生。我们一起走人生这条不容易走的路，一起去见证人生到底还有多少可能性。选定了方向，就应该一如既往地走下去，不容易走的路上，才会有更美的风景。

3

第三部分
逆境中的大突破

挫折，杀不死我的必使我强大

跑得再怂也不怕，干到终点再说，到最后一刻再说。这种心理建设源于戈十那一天的深深挫败感。你如果是一个人在戈壁上跑，就会轻易弃赛，但如果参加的是团队赛，就输不起、也不能输。不过，情况越复杂，长江的戈友越有战斗力。

09

超越，进击更高的目标

人生的每一步都会算数，在冲 A 的过程或者做企业的过程中，目标是宁多不少的。在自己的穿透点、突破点上，一定要给自己更高的目标，然后去逾越它。为什么能进步，因为每一次总是往上顶，一次一次就这么顶上去了。

10

破局，不是打败对手而是与明天竞争

一旦进了赛道就要坚持下去，不管跑得多慢、多狼狈，也绝不退赛，这个信念延伸到生活中就是：没有什么过不去的坎，关键在于你怎么去面对、怎么去坚持。就像跑戈壁一样，当你想放弃的时候，往往距离目的地不远了。

11

第四部分
以终为始，不忘初心

王者之师，戈赛之魂

什么是企业家，说白了就是一句话：这是一批发现问题、解决问题、达成目标的人，他们有极强的自尊心，极其坚韧，视荣誉高于一切，全力以赴，使命必达。投射到戈赛上，他们豁得出去，敢拼敢干，除了荣誉，表现的更多是责任，是"我们之间相互的责任"。

1 300 多年前，玄奘法师西出瓜州踏上了丝绸之路，他要前往遥远的天竺，寻找生命的意义。19 年，110 个国家，5 万里行程，在佛陀的故乡，玄奘成为智慧的化身，但他始终牢记西行的使命，最终历经艰辛返回故土，以一己之力，为中华文明注入新的养分。

在玄奘所处的时代，只有敢于冒险的人才敢踏上丝绸之路。那时候，在这条贯通中西方的苍茫古道上行走的，除了僧侣就是商人。可以说，丝绸之路既是一条财富之路，也是一条信仰之路。正是由于这个历史的映射，以"玄奘之路"为背景的"商学院戈壁挑战赛"才备受企业家青睐。

叩问企业家精神的回归之旅

自 2006 年始，十三届戈友共赴戈壁。除了奔跑本身，这更像一次探索商业意义、叩问企业家精神的回归之旅。对成立于 2002 年的长江商学院来说，戈壁挑战赛的意义尤其深远。

长江商学院 EMBA 四期学员、曾任红牛公司（戈赛早期总赞助商）总经理的王睿说，戈赛好比一座金字塔，塔尖呈现的是中国企业家的精神面貌，毋庸置疑，戈赛提升了华人商学院的品牌效应；塔基则是国内近几年如火如荼的马拉松文化的映照。随着赛事的推进，戈赛的影响力向外扩散，最初受影响的就是企业家，大家出了戈壁后，周末开始以跑马拉松为乐，还会带着亲友团去徒步、户外探险，并将跑步潮带入公司。

长江戈友就像一朵朵浪花，无数浪花汇聚，就有了澎湃长江。玄奘之路，是一粒粒细沙与一朵朵浪花的交汇处。这看似偶然，却又蕴含着必然，大戈壁是一个能量场、一块巨大的磁石，召唤着大家到世界各地去徒步、去奔跑。

王睿认为，长江最宝贵的是多元化和差异化，同学们行业各异、身份不同、经历多样，多元化带来了最大程度的融合。尽管领域和经历不同，企业家精神却是统一的，戈赛的精神恰恰折射出企业家精神。什么是企业家？说白了就是一句话：这是一批发现问题、解决问题、达成目标的人，他们有极强的自尊心，极其坚韧，视荣誉高于一切，豁得出去敢拼敢干，全力以赴，必达目标。在戈赛上，除了荣誉，更多的是责任，是"我们之间相互的责任"。在戈赛中，当一名队友达到体能极限或者受伤，犹豫要不要退出的时候，他面临的最大挑战是：我退出了，队伍怎么办？因为，一名队员退赛会影响整个队伍的成绩。很多戈友都面临着这样的抉择，这口气要是咬不住，自己就会全线崩溃，可如果自己退出了，别人又该怎么办？此时此刻，只有咬牙挺住，才能不辜负别人的付出。这一点是戈赛之魂，也是企业家精神的内核。

"

什么是企业家？
说白了就是一句话：
这是一批发现问题、解决问题、达成目标的人，
他们有极强的自尊心，极其坚韧，
视荣誉高于一切，豁得出去敢拼敢干，
全力以赴，必达目标！

"

戈壁这件事与我们每个人都有关

大家为什么选择长江？长江为什么会在 16 年中走到商学院的领军位置？长江的管理奥秘之一是教授治学。但凡引进任何一名教授，都必须获得现有教授三分之二以上的投票数。且不论三分之二的高票数，单单让现有教授们为新入职的教授投票这一项，长江或许就是中国的唯一。在这个意义上，长江的教授其实是在寻找同样价值观的同伴，寻找一起奔向远方的同路人。所以，在长江，一流的教授选择同样一流的教授，卓越的校友选择同样卓越的校友，大家以加入这个学校为荣，以融入这个班级为傲。

聊到戈壁，大家都表现得爱深情炽，再坚强的硬汉、再坚韧的女生都忍不住落泪。为什么爱深情炽？因为在乎。戈壁这件事与我们有关，与长江有关，事关我们每个人的尊严与荣誉感。

骨子里，企业家们自身的荣誉感特别强。无论是做人还是做企业，追求荣誉感是一种内在的驱动力，荣誉感驱动追求卓越，卓越炼就品牌。另外，正是内心对于荣誉感的追求，商学院的同学们才会希望和更棒的品牌站在一起，为这个品牌奋斗，也为自己带来荣誉。

荣誉感是一种自尊，是一种觉醒，是一种团队意识，更是一种正能量。每位戈友的主人翁意识都很强烈，大家常说：我们都是长江人，学校的荣誉也是我的荣耀，长江戈赛的成绩，有我的一份。

长江人的荣誉是刻在骨子里的，不是炫在外面的，就像老子在《道德经》中所说的："光而不耀。"自带光环，又低调做事。

往深处说，荣誉感是一种使命感，这和玄奘精神是吻合的。玄奘取经，百折不回，心怀天降大任、舍我其谁的使命感。戈友们同样也有这种荣誉感与使命感，此役非我莫属，冲锋非我莫属，拼搏非我莫属，夺冠非我莫属。

"取势、明道、优术"，为理想干杯

主管长江商学院 EMBA 项目的朱睿教授（长江商学院市场营销学教授）曾说，长江的崛起与中国民营经济的发展不可分离。长江商学院 EMBA 的招生重点就是，寻找当今中国的商界领军人物，这些领军人物大多数是中国民营企业家的代表。回顾长江的戈赛历程，恰恰和长江所倡导的"取势、明道、优术"六字吻合。

长江商学院创立之初，EMBA 筹备时，第一次使用"势、道、术"的字眼。EMBA 项目手册上，湖水静谧，一位企业家笃定安坐，思索未来。"取势、明道、优术"是项兵院长与中国商界精英智慧碰撞的结晶，这六个字叩响了企业家的心门。

势是潮流。当下，中国新中产阶级迅猛崛起，消费升级是经济领域的高频词。仓廪实而知礼节，国人更高层次的精神文化需求不断涌现，商学院的同学是最早感知到时代变革的一批人，这也是早年齐大庆教授（长江商学院会计学教授）号召同学们参加戈赛的初衷。"玄奘之路"发起人曲向东也坦诚地说："启动戈赛不是我一个人的想法，而是各种因缘际会的结果。"此为取势。

道是理念。玄奘之路内含心灵信仰，戈赛的本质是一种体验经济。有一次，台湾知名的旅行社雄狮国旅和一些老戈友交流，雄狮国旅讲究为旅客带来眼、耳、鼻、舌四感官的触动，但戈赛又增加了两样：身和意，也就是《心经》中所说的六感：眼、耳、鼻、舌、身、意。走过戈壁的人常说，身体下地狱，灵魂上天堂。前一句是身，后一句是意。

清代名将左宗棠有则名联，其中一联是"发上等愿，结中等缘，享下等福"。这句话为李嘉诚先生所激赏，请人誊写挂在了书房里。具体到戈赛，就是通过极限奔跑这类"下等福"，来激发"上等愿"的思考。此为明道。

术是执行。现代企业家精神如何与古代商道精神结合？齐大庆教授认为：中国这一代企业家与欧美国家的企业家不同，中国企业家拥有最完整的创业经历，绝大多数是创始人起家，经历了一个企业的初创、成长与壮大的全部过程。

如果说创业是一个完整的圆，改革开放后的中国企业家就是画了一个完整的圆，圆圈的边缘散发着理想主义的光芒。这个过程非常难得，而且这个过程浓缩在一个创始人的身上，所以这些企业家有极强的直觉和信念。

中国的企业家先经过一个从 0 到 1 的白手起家过程，又历经从 1 到 N 的发展轨迹，而欧美国家的企业中有很多家族传承企业，或者品牌百年老店，它们的企业家很多是直接从 1 或者 N＋ 开始，不曾经历从 0 到 1 的拓荒阶段。中国的企业家是怎么做到从 0 到 1 的呢？

零是什么？没有资本、没有团队、没有背景，就像玄奘一样，凭借信念激发"洪荒之力"，用极少的资源达成极大的最优化。当然，中国的企业家除了心怀理想，还有坚韧不拔的毅力。玄奘法师既是理想主义者，又是一个毅力坚韧、不折不扣的执行者。此为优术。

　　玄奘之路最初的宣传口号是：中国精神的追寻之旅。曾经，玄奘天竺求法，这是他的个人行为，出于信仰，源于真理。法师东归后，翻译了众多经书，为中华文明注入新的养分。现在，一批又一批长江人又来到茫茫戈壁，他们在这里战胜自我，捍卫长江的荣誉，金戈十三载，堪称戈壁之王。更重要的是，长江人为这条千年之路注入了元气满满的企业家精神。

　　"取势、明道、优术"，王者之师，戈赛之魂，让我们共同为理想干杯！

第一部分

戈赛是人生的另一场创业

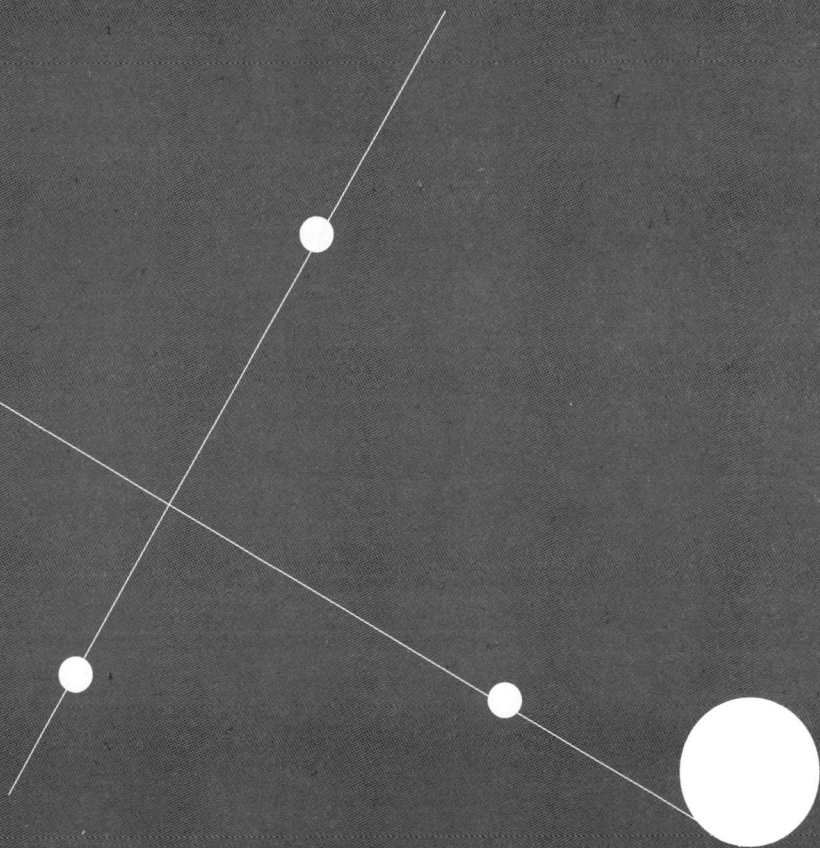

1 300 年前，玄奘法师西出瓜州，只身踏上茫茫戈壁，开启一段未知的旅程。在他身陷八百里流沙，迷茫不知出路时，支撑着他"宁可就西而死，岂能归东而生"的，是坚定的信念。1 300 年后，玄奘大师西行求法的故事，在当代中国企业家身上找到了共鸣，这也是 13 年来，超过 1 400 位长江校友共赴戈壁的精神原点。

　　为什么事业成功的企业家愿意彻底放下工作，在沙漠中自虐般苦走好几天？我认为戈壁切中了中国企业家的两个需求。

　　首先是心灵的需求。在戈壁上远离尘世的喧嚣，远离商场的波诡云谲，只有大漠黄沙，枯燥而单一。那里还有多变的天气，同学们在经历了沙尘暴后，突然天朗气清，惠风和畅，晚上睡在帐篷里，仰观宇宙之大，回顾自己的人生，一定会有"回首向来萧瑟处，也无风雨也无晴"的感觉。因此，戈壁行是一次灵魂的洗礼。

　　其次是心理的需求。中国企业家是孤独的群体，成功意味着高处不胜寒。但在戈壁上，有一群志同道合的人能够为了你的荣耀而拼命奔跑、无私奉献。每个人为赢奔跑，为冠军奔跑，为自己奔跑，也为队友奔跑。戈友之间那种不放弃、不抛弃的信念，要比其他场景的连接更为坚韧、更为纯粹！从此，人生再也没有孤独感。因此，走过茫茫戈壁，都是姐妹兄弟。

梅建平

普林斯顿大学经济学博士

长江商学院金融学教授

01

戈壁是一本教科书

戈壁之路并不是普通之路。每个人每天的终点都没有区别，可每个人到达终点的路径却完全不同，行程中的经历和体验当然更是千差万别。茫茫戈壁，路在每个人的心中。这很像人生的旅程，4 天的行走其实超越一生。

齐大庆
00008T01

戈一英雄榜

王 睿
00051G01

刘晓燕
00052G01

汪 璐
00053G01

李劲光
00055G01

李业民
00056G01

周 军
00057G01

周 航
00058G01

陈 洪
00059G01

张鹏飞
00060G01

常 宝
00061G01

黄小军
00062G01

鄢 军
00063G01

2006 年 5 月 19 日上午 11 点，一架从北京起飞的 CA1278 航班降落在敦煌机场。玄奘之路戈壁挑战赛的历史帷幕由此拉开。在敦煌机场，王睿见到了传说中的长江队友。让王睿印象最深刻的是黄小军，这位长着一张娃娃脸的艺龙公司年轻副总裁竟然带着沙滩鞋、沙滩椅来到戈壁，他原以为戈壁之旅可能是一次惬意的度假。

玄奘之路商学院戈壁挑战赛缘起于 2005 年央视发起的玄奘之路文化考察活动，活动创始人曲向东认为，这是一次中国精神的追寻之旅。在他看来，1 300 多年前大唐高僧玄奘所表现出的"理想、行动、坚持"正是鲁迅笔下的中国脊梁。西行还是东归，这是一个生存问题，更是一个信仰问题。"玄奘之路是中华文明的无人区，现在这条路与 1 300 年以前并无两样，唯一不同的是，现在这段路上有手机信号，当年 26 岁的玄奘法师是骑马过陇，我们则是徒步。"曲向东笑谈。

玄奘西行的转折点就是莫贺延碛，这里正是后来戈壁赛事的常规路段，东南至甘肃瓜州境内的塔尔寺遗址，西北至新疆哈密小南湖遗址，又称八百里流沙。1 300 多年前，玄奘法师在这里经历了追杀、背弃、迷路、彷徨、生死……最终立下铮铮誓言："宁可就西而死，岂能归东而生""不至天竺终不东归一步"。尽管五天四夜滴水未进，几将殒绝，但他依然心无所惧一往无前，最终实现了从坚持到超越的伟大升华。

骆驼刺，盐碱地，黑戈壁

戈壁挑战赛规定，各校的 EMBA 学员以团队结组形式参赛，在规定时间内徒步穿越莫贺延碛 112 公里无人戈壁。从塔尔寺锁阳城出发，走过雅丹地貌，途经茫茫沙滩，一路走到终点。骆驼刺、盐碱地、黑戈壁……赛道艰险。

骆驼刺之粗利，甚于月季花之刺。有刺不怕，可怕的是骆驼刺生长的地方。这里的地貌如同遭遇了无数炸弹肆虐，到处是坑，一脚踩去，一不小心就会陷下去。所以，供戈友脚掌发力或触地的地方唯有那小小一块儿，差一点分寸就会崴脚掉到坑里，路况特别难跑。即使是体力一流的男戈友，穿越此地也感到特别吃力，女生面对的挑战可想而知。

盐碱地又称白戈壁，土壤含有盐分，经年累月受河水的冲刷。河水褪去后，盐分沉淀下来，覆盖在地表，坚硬程度直追花岗石，形状又如波浪一般，层层叠叠。路过此地，戈友们需不停跳跃。又因为这里棱角比较尖锐，历届戈友经过此处，脚底往往起泡，甚者，左右脚掌尽烂，湿漉漉、潮乎乎的运动袜浸满鲜血。

所有老戈友在讲述这段经历时，都会提到黑戈壁，这里是挑战心理极限的赛道。5月份的正赛时，奔跑在十几公里的黑戈壁上，太阳直射，地表温度可以达到吓人的60℃，人在上面奔跑，就像走在蒸笼中一般。与白戈壁的坚硬相反，黑戈壁的地表软塌塌的，戈友们有劲也使不出。不少人在这里都会落泪。

一往无前，再无所惧

在长江戈友、戈壁公益大使宋明选的心里，老戈指的是前三届的长江戈友。因为，前三届的戈赛是种子期，也是拓荒期。他们就像玄奘当年走出瓜州时那样，对西域一无所知，但仍一往无前。前三届的老戈来到戈壁，靠的完全是一种冒险精神和一颗敏感之心。他们敏感又敏锐，在没有选拔、没有宣讲，甚至根本不清楚戈壁为何物的情况下，单凭一颗敏感之心的召唤，没有附加条件地去了戈壁。

敏感是一种能力，当戈赛出现时，敏感的同学会想："为什么跑，我得参与，我得尝试，我得学一学。"越早去戈壁的人，越是敏感的人。一些天赋敏感的同学，带着几分新鲜劲，带着对戈壁风光的憧憬，懵懵懂懂地来到戈壁，这是一种对世界的好奇心。

从戈赛联想到企业和生活，玄奘之路拓展了生命的深度和广度。戈壁是一个与城市截然不同的环境，在这里，商学院的同学们离开四轮汽车，重新用脚丈量距离；离开舒适的室内，直面大风、沙尘暴、高温这般恶劣的自然环境。也正因此，大家激发出自己对人生的思考和反省。戈壁用它粗犷的外表，送给远来的同学一份厚礼：咸咸的泪水。

这些商界精英天生性格坚韧，但到了戈壁，却是另外一番天地。一个人，不过是无垠戈壁上的一粒沙而已，平时不怎么锻炼的人到了戈壁，落差更大，再加上天赋敏感，感怀多多，自然落泪。

"沉淀、敏感、改变是老戈的三要素。沉淀是企业家的阅历和见识，敏感这个词对人生很有意义。13年来，为什么长江商学院是戈赛的重要参与者和推动者，因为长江的戈友非常敏感。因为敏感，所以能感知到变化，捕捉到机会。在时代的浪潮中，他们拥有一颗敏感的心，善于发现商机，完成了从0到1的蜕变，纷纷攀登到各个领域的华山之巅。"宋明选说。

戈壁可以是一切

红牛内部流传着一句话："没有王睿，就没有红牛的今天。"1997年，红牛总部由深圳迁往北京，王睿拖着行李箱，和春季沙尘暴一起来到北京。不久，她奉命就任财务总监，率队拓展市场。她的敬业赢来职场三级跳，升任为红牛总经理。

王睿做过十几年的基层会计，但从没带过团队，急需学习，由此报名了清华大学经济管理学院。那时，商学院的入学名额是一种稀缺资源，清华、北大倾向于招收国企高管，王睿最终与清华擦肩而过。一次聚会，她遇到长江商学院EMBA三期的刘江涛，后者建议她入学长江，这样王睿成了长江商学院EMBA四期的学生。以王睿为代表的长江校友大都来自民企或外企，他们富有冒险精神，勇于开拓、敢于打破常规，对未知世界充满了好奇心。

2005年5月初，王睿收到一则手机短信，信息非常简单：

玄奘之路商学院戈壁挑战赛开赛在即，长江商学院 EMBA 同学均可报名，参赛费用几何，名额有限，报满为止。

看到"名额有限"4 个字，王睿心头一紧，感觉一旦错过，悔之晚矣。她忐忑回复，很快得到了确认短信。过了几分钟后，来了一条新信息说，报名已经截止。简直是秒杀！王睿好奇首届报名参赛的校友的动机何在，"特想知道其他报名的是什么人，他们为什么要去戈壁"。

同一年，长江商学院组织了一次美国游学。在分享会上，从央视玄奘之路文化考察活动归来的齐大庆教授畅谈大漠风光，引得周航心生向往。半年后，得知赛事开锣，周航马上报名参加，初衷很简单：好奇心驱动，还掺杂着一点炫耀的心态，想为人生增加与众不同的体验。

首届参与戈壁挑战赛的长江同学八男四女，共 12 人。领队王睿，队长周航。刘晓燕是 EMBA 二期的同学，是参加戈壁挑战赛中入学最早的长江戈友。王睿、周航、周军、李业民、黄小军是 EMBA 四期的同学，汪璐、常宝是五期同学，张鹏飞、鄢军、陈洪、李劲光是七期的同学。有趣的是，长江戈友的公司，正是中国经济的一个缩影。2006 年，刘晓燕、李业民经营实业地产，汪璐、鄢军投身贸易物流，陈洪专注药企，周军闯荡于投资领域，常宝致力于光电能源，王睿时任红牛维他命公司的总经理、执行总裁，黄小军、张鹏飞、李劲光是科技公司的引领者，周航当时主攻数码音响。12 位同学中，4 位已经进军互联网经济。

从敦煌坐大巴到瓜州，大家往往早晨出发，晚饭的时候才到营地。戈壁太辽阔、太荒芜，从飞机上俯瞰敦煌，绵延不绝的山脉，一望无际的戈壁滩，你很难想象 1 300 多年前，玄奘凭借何等的毅力才能孤身穿越戈壁。

首届戈壁挑战赛共有 6 家商学院参加，分别是长江商学院、北大光华管理学院、清华经管学院、上海交大安泰经济与管理学院、复旦管理学院、北大国际 BiMBA（现改名为北大国家发展研究院 BiMBA）。2006 年 5 月 20 日，6 家商学院 59 名参赛者从瓜州出发，正式开始比赛。

人行戈壁，新鲜与兴奋就像烈日下的水分一样，迅速蒸发了。不到 60 人的队伍于戈壁而言，实在是太渺小了。队伍走散了，每个人面对的是苍凉无尽的戈壁滩，沉重如铅的步伐，粗重如牛的呼吸声，胸腔里加速的心跳……短短一个下午，经历了暴晒与暴雨的双重虐待，走到营地，大家相邀到补给车取帐篷。这时，沙尘暴突袭，一个刚刚搭好的帐篷拔地而起，被刮到两公里远，组委会的后勤人员开着越野车才追了回来。那会儿厕所尚在搭建中，大风瞬间卷走了编织袋做成的围栏，尴尬的是，里面还有位老兄正在方便。

夜宿戈壁，穹顶很低，仿佛伸手可触。云层浮动，星星极亮。戈壁的晚上奇冷，李劲光半夜被冻醒，发现帐篷、睡袋上覆盖着一层冰冷的露水。即使这样，她也庆幸：如果不是来戈壁徒步，可能就不会有机会看到如此清亮闪烁的星空。

赛事第二天是最艰苦的一天。

经过第一天的探路，大家以为戈壁不过如此，但过了补给站，一行人发怵了，一望无际的盐碱地横在眼前，地形高低不平，中间还有密密麻麻的骆驼刺。骆驼刺极为耐旱，根系发达，在多雨季节，骆驼刺的根系饱吸水分，以供干旱季节之需。骆驼刺是骆驼在戈壁的独享牧草，骆驼角质化的口腔不惧硬刺，它的舌头可以顺着刺的方向将叶子送到嘴里咀嚼吞食。

戈壁是骆驼的家园，万物之灵的人类却是外来客。在盐碱地里穿行，高一脚，深一脚，体力迅速消耗，但骆驼刺无处不在，大家觅不到歇脚处。骆驼刺一米多高，遮挡了视线，戈友们很快被隔离开来。在荒凉的戈壁，没有参照物，看不到同伴，绝对是一件令人恐惧的事。怦怦的心跳就像一个莽汉在不断敲打心门，让人慌乱。

戈壁是大自然的魔术师，天地荒漠间，这些商界精英摘下了久违的面具，释放了人性，恢复了天真。摄影师曾抓拍到一张照片，几位商界精英坐在戈壁滩上，孩子气地露出脚丫子，脸上浮现调皮的笑，他们在比谁脚下的脓泡多。这一刻，财富多少都是浮云，谁走得快，谁提前到终点，谁才是真的牛人。

看着这种景致，周航忍不住想，遍布骆驼刺的盐碱地仿佛是创业者的处境，纵使在所处行业已是领头羊，但未来走向何方，创始人有时心里也没谱。而创业又如同逆水行舟，市场瞬息万变，对手虎视眈眈，公司上下指望着薪水养家糊口，公司创始人根本找不到休整的空隙，只有继续负重前行。玄奘为什么能够走出绝望的戈壁，因为他有坚定的目标，即西行求法，目标感夯实了他的信念，信念催生了力量。

戈壁是照妖镜，照出大家内心的魔鬼；戈壁是试金石，一切都无所遁形；戈壁是灵丹妙药，疗愈深埋的忧伤；戈壁是最好的禅堂，行禅时可以观呼吸、诵经、观想。在戈壁体验人与自然、人与人、人与自己的关系，在戈壁感悟四大皆空，在戈壁了解地火水风，在戈壁明白什么是理想、行动、坚持……戈壁可以是一切，也可能什么都不是。去了，才知道。

正如薛云奎教授（长江商学院会计学教授）所说：

　　戈壁是一本教科书。戈壁之路并不是普通之路。每个人每天的终点都没有区别，可每个人到达终点的路径却完全不同，行程中的经历和体验当然更是千差万别。茫茫戈壁，路只在每个人的心中。这很像人生的旅程，4天的行走其实超越一生。

　　确实，当一个人独自走在戈壁上时，仿若进入一种近乎于禅修的空明境界。这时，便会想很多平时不会想的东西，发现很多自己的不同面，看自然的浩大、人类的渺小、世界的千奇百怪。这种与都市生活有极大反差的经历，也令很多人完成了人生转折期中的关键蜕变。曲向东曾跟别人开玩笑道："走完戈壁之后，原来不想结婚的结婚了，不想离婚的离婚了。原来不敢创业的创业了，原来不敢跳槽的跳槽了。"

"

**戈壁可以是一切，
也可能什么都不是。
去了，才知道。**

"

玄奘之路，是一段坚韧与信念之旅。现代的商界骄子在 1 300 多年前的古代商道上奔跑，他们出发的意义是什么？顾盼与眺望是一对反作用力，回首得越远，你向前走得也会越远。

寻找使命感

在戈友口中流传着这样一个故事：

> 在戈壁上，戈友们的行囊里大多放着西红柿、黄瓜等解渴的补给瓜果，但有位戈友的包里藏着一堆钞票，大家很诧异地看着他问，带钱干什么？他说，走戈壁嘛，带钱防身。众人大笑道，在戈壁滩上，钞票的作用就是生火。在这里，你能深刻地体会到财富是浮云。

程晨，长江 EMBA 七期校友，时任黄金搭档生物科技公司的副总，后来任巨人集团的副总裁，是央视广告标王的操盘手。1997 年，巨人集团遇到危机。程晨随老板史玉柱去了西藏，攀登珠穆朗玛峰。为了节省导游费，他们没有请向导，结果差点就迷失在茫茫雪山之中。

程晨喜欢户外。进入长江后，参加过第一届戈壁挑战赛（以下简称戈一）的张鹏飞、李业民对大漠奇遇的分享点燃了她对西北敦煌的好奇心。第二届戈壁挑战赛开启时，程晨马上报名参加了。

初到戈壁，仿佛来到了火星，那里没有参照物，所以没有距离感，不辨南北，无问西东。正午的太阳烤在头顶，抬眼望去，即是刺眼的光芒，戈友们有些茫然，仿佛这炙热的太阳就在数里之外。组委会配备了午餐，有红牛、西瓜、西红柿、矿泉水、牛肉和饼，但在高温下，大家都没了胃口，只是不断饮水，不过依然感到从里到外的干燥。每个人都嗓子干痒，嘴唇起皮，皮肤晒出了红斑。离开锁阳城后，不见一丝一毫的绿色，唯留风化成块的焦热黄土。程晨有些迷惑：我们为何要来？为何花钱买罪受？

第二天，距离渡河点一公里处，队员高政中暑，幸好3位队友正在一旁，大家紧急呼救。组委会马上着手组织救援，但是队员们不清楚周边环境，一时无法告知具体位置，又兼盐碱地上车辆难进，过了一个半小时，高政才被送上救护车，吸上氧气。但令人焦急的是，他的心率降不下来。到县医院后，才检测出他的体内缺钾，旋即打点滴补给。

现在回首看，前几届戈赛的安全保障很差。在戈壁滩，手机没有信号，一个学校只配4个对讲机，2个GPS，装备匮乏。那个时候，在戈壁是有生命危险的，茫茫戈壁如同火星，其中寥寥数人，稍稍疏忽就没了踪影，不像现在有提前探路的，全程还有领跑陪护。

第三天，遇到八级大风，逆行而走，众人举步维艰，每个人的脚印都带着长长的拖痕。他们爬过一个又一个小坡，在离终点不远处的山坳里，大家看到一群低空飞翔的大雁，风劲很猛，雁群飞得很低、很慢，但阵型不散，好似长江的队伍。

3天下来，队长张鹏飞脚部受伤肿大，暂时用绷带把拖鞋绑在脚上；高政疲劳过度，先前已被送往医院打点滴；石建辉连续3天发低烧，大小腿拉伤贴满了膏药。最惨的是唐长军，大脚拇指的趾甲脱落，鲜血淋漓。4位男士一起边喊着号子"1—2—3—4，1234，长江长江，戈壁之王……"，边并肩走过第三天的 18 公里，到达了白墩子。

在戈壁的那几天，程晨理解了史玉柱。商业巨子史玉柱进藏，为的是寻找一种力量、一种信念。同样，长江戈友来到戈壁，重走玄奘之路，更是一段探寻信仰之旅。不经历挫折、坎坷，不走过荆棘、歧途，不会领略戈壁的风光和坚持的快乐。

在戈壁，程晨有了许多人生的第一次：第一次连续走 100 公里，第一次领悟《心经》，第一次用睡袋，第一次戴着头灯上厕所，第一次数着天上的星星睡觉……

追溯玄奘之路，有一个终极之问：玄奘杖策孤征的驱动力是什么？如果是信仰，那么怎么理解信仰两个字？唐代法师玄奘的信仰观和今天的企业家精神有何内在联系？

程晨走了玄奘之路，才理解了玄奘法师的精神。在中国，四大名著之一的《西游记》妇孺皆知，婆婆妈妈、有些迂腐的唐僧形象深入人心，国人熟悉的是文学作品中的唐僧，而非历史上真实的高僧玄奘。

《大唐西域记》记载，玄奘从长安出发后的路线是：

凉州（今甘肃武威）—安西（玉门关）—伊吾（今新疆哈密）—高昌（今新疆吐鲁番）—阿耆尼国（今新疆焉耆）—屈支国（今新疆库车）—跋禄迦国（今新疆阿克苏），凌山（今天山穆素尔岭）—碎叶城（今吉尔吉斯斯坦）—铁门关（今乌兹别克斯坦南部布兹嘎拉山口）—大雪山（今兴都库什山）—白沙瓦城（今巴基斯坦），最后进入印度。

玄奘西行，分为两次。贞观二年，也就是公元 628 年，唐太宗李世民执政的第二年，26 岁的玄奘决定一路西行。

唐开国未久，国基未定，禁止国民出境。玄奘无法取得过所，也就是今天的护照，大胆的和尚只好取巧混在难民中间，来到敦煌，想偷渡出境，后被发现遣回。

隔了一年，倔强的法师再次来到安西，这里是甘肃西北部与内蒙古西部的交界处，又称河西走廊。玄奘是高僧，但不是神仙，他西行求法时是一个意气风发的年轻人，这个充满智慧的法师吸取上次的教训，精心打造了一次自媒体传播事件，他高调地在河西的重镇凉州讲法月余，听者甚众，圈了许多铁粉，来往河西的西域胡商点赞玄奘的博学，纷纷打赏，玄奘如此凑齐了西行的费用。

信仰观是一个精神体系，阎爱民教授（长江商学院管理学教授）曾说，企业家是一个高情商的群体，所谓高情商，就是熟悉自己和亲友的情商结构，兼具悲悯情怀，有着超越名利的志趣追求。这种超越名利的追求，就接近信仰了。

有人问，孙悟空神通广大，一个筋头十万八千里，为什么不背着师傅去取经，岂不省事？程晨的理解是，玄奘万里求法，自当一步步亲历西行，无须托付他人，即使托付，其他人也担不起这样的使命宏愿。企业家莫不如此，所谓学习玄奘精神，就是找到自己和企业的使命感。

后来，程晨和老戈友一起组织了"戈二代"的徒步活动，召集戈一到戈三长江戈友的儿女，鼓励他们去徒步，在大自然中感悟生活。她说："我们长江的戈友相信，徒步是一种可以传承的生活方式。"

文字

形色而已，

不亲自走过戈壁，

就无法理解这形色背后的含义

人生

过程而已，

不亲自走过戈壁

就不知道放弃是多么的容易。

成功

坚持而已，

不亲自走过戈壁，

就不知道坚持对于成功的意义。

潜能

信念而已，

不亲自走过戈壁，

就不知道信念可以让自己超越自己。

走过了，经历了，体验了，人生也就拥有了；

哭过了，笑过了，疼过了，爱过了，生命也就圆满了。

生命的意义不在乎拥有，而在乎给予；

人生的价值不在乎结果，而在乎经历。

——薛云奎 长江商学院教授

02

永不掉队，为荣誉而战

在戈壁上，精疲力竭之时，你怀疑的不仅仅是意志力，几乎是怀疑一切，在怀疑中动摇，但当你看到队友们为了团队荣誉拼命的时候，你遭的罪受的苦又算什么？无暇多想，心里只有一点，你不能掉队，不能拖后腿，大家拧成一股绳儿，为荣誉、为尊严而战。

穆业冬
00145G02

李业民
00056G01

张鹏飞
00060G01

石建辉
00229G02

高 政
00230G02

吴正平
00231G02

唐长军
00232G02

荣 健
00233G02

杨 萨
00235G02

周 洲
00236G02

程 晨
00237G02

虽然已经过去了 10 余年，但王睿依然记得在敦煌酒店大堂偶遇清华戈友的场景，"看到的第一眼，我就被震住了"。这是一支武装到牙齿的团队，统一的服装、统一的背包、统一的湛蓝色遮阳帽，还配有 GPS，分为主力队员和护卫队员，且配有随队记者，简直是清一色的"美式装备"。与清华相比，长江商学院就是"土八路"，穿什么的都有，临行前赶制了一面队旗，偏偏还忘了带，只好请导游取来塑料布现场画了一面。

长江、长江，戈壁之王！

在戈赛上，各家商学院的特点彰显无遗。

玄奘之路的发起人曲向东说，清华经管学院和北大光华管理学院是中国商学院坐标轴的两头：清华经管学院纪律严明，争强好胜；北大光华管理学院个人战斗力极强，而又个性十足，但散漫自由，"甭想把我们管起来"。

最典型的表现在戈三，点将台上各家商学院一一亮相，清华经管学院的戈友们从一张桌子旁立正站起，像一支队伍一样列队而上，举手投足、高矮胖瘦、服装鞋帽整齐划一，每个人讲话的时间都掐得很准。等到北大光华的戈友上点将台时，屋子四处"哗"地站出一堆人来，他们个头不一、服装各异。清华的参赛者聚在一张桌边，而北大的参赛者则散坐在四五张桌旁。

如果说清华和北大分别在坐标轴两头，那么海派商学院如中欧、复旦则在坐标轴的中间。长江的同学有些方面特别像清华，争强好胜、精通规则，个性却又如北大，有组织、无纪律。这与长江校友的背景有关，长江商学院EMBA以民营企业家居多，每一个都是企业老大，各个个性鲜明。

戈一开赛头一天，按惯例是欢迎晚宴，各家商学院登台自报家门，大家个个摩拳擦掌、豪气冲天。复旦大学"七壮士"着鲜艳的橙色队服，响亮地喊着"茫茫戈壁，有我复旦"的口号；北大是"光耀中华，北大光华"；清华出场，阵容齐整，装备鲜亮，每人背后插一杆旗，上书八个字："千年丝路，百年清华"。

2006年，长江商学院刚走过四载，面对几家百年名校，12名长江戈友商量了一下，高举长江的旗帜，现场喊出"长江、长江，戈壁之王"。这个口号喊出来时，在场的戈友都忍不住笑了，觉得长江"特草莽"。长江的同学事后才知，其他商学院皆是有备而来，参赛戈友经过层层选拔，而长江戈友只是因缘际会、自愿报名，谁能上戈壁靠的是报名时的"手速"。

但这支看着"特草莽"、准备也不够充分的"土八路"，却在赛道上成了真正的"戈壁之王"。

为荣誉、为尊严而战

陈洪是长江 EMBA 七期上海班同学，他毕业于南京医科大学，做过两年医生，在施贵宝医药任全国销售经理。他的座右铭是：永不放弃。2006年，正值他 36 岁本命年，他来到了戈壁。第三天比赛，陈洪一直冲在前面，距离目的地 300 米时，拼到昏迷，铁丝网弹掉了他的脚趾甲，流血不止。陈洪被救援队抬了回来，在昏迷了 45 分钟后，他醒来第一话问："我的成绩算数吗？"那年，王睿与奥美广告为戈一制作了一个大气的宣传片，其中有两行字：**我不是一个人，我和我的心灵正在一起向前走；我不是一个人，我和我的团队正在一起向前走。**

清华经管学院是戈赛早期最主要的参与者，他们不仅装备专业，而且校友众多，拥有各种"大杀器"：清华戈友张伟是登山高手，正在备战攀登珠穆朗玛峰，走戈壁是登山前的牛刀小试；清华领队黄桑，在第四天以整体第三、女子第一的成绩跑到终点。

相较于清华，长江戈友走得很苦，伤病满营。队伍中没有专业的户外高手，且在所有参赛学院中，女生人数最多。周军又高又胖，从深圳过来，哪里见过戈壁的阵势，一路走来，前脚掌的皮几乎都磨破了。李业民精干瘦削，他俩走在一起，王睿戏言：电线杆上挂个鸟笼子。

5 月 23 日晚 8 点，队长周航候在营地门口，等待迟来的队友，汪璐、鄂军从早 8 点出发，已经徒步整整 12 个小时。不久，两人手拉手大声哭着走近营地，大家纳闷，难道是走出故事啦？事实是，两位同学在暴走中彼此扶持、互相鼓励。

周航跑过去，与汪璐、鄢军拥抱，那一刻，周航的热泪也淌了下来。他后来说："当这颗心触碰到另一颗心时，一股暖流流过，这种感觉很美好。"

5月24日，黄小军拖着伤腿，最后一个冲过终点。他抱着来度假的目的抵达戈壁，就好像来做一个SPA，结果却是当了苦力，万万没想到徒步竟然如此艰苦。戈壁击碎了他的度假计划，但给他来了一场心灵的洗礼。

王睿闻讯，热泪直流。她说："在戈壁上，精疲力竭之时，你怀疑的不仅仅是意志力，而是几乎怀疑一切，在怀疑中动摇，但当你看到队友们为了团队荣誉拼命的时候，你遭的罪、受的苦又算什么？无暇多想，心里只有一点，你不能掉队，不能拖后腿，大家拧成一股绳，为荣誉、为尊严而战。"

首届戈壁挑战赛，比赛徒步其一，寻宝环节其二，寻到一个宝，减时10分钟。长江戈友常宝名字中不愧有一个"宝"字，他聪明敏锐，赛事寻宝环节一共有4个宝，全部被他找到。可惜在最后一个寻宝环节有所遗漏，常宝匆忙中拿走了藏宝的红布，却不小心落下了其中的卡片。

当天，大家返回敦煌。组委会在靖远羊羔肉饭馆设晚宴，举办分享会。

周航按捺不住激动的心情，私下看了组委会的计分，算上3个寻宝成绩，长江商学院超出了清华经管学院，胜券稳稳在握。他悄悄与同学们分享，群情振奋，满怀期待公布名次的那一刻，于是12位戈友预先举杯相庆。

只是这一期盼落了空，组委会始终没有公布名次，选出了两个第一，长江商学院团队总成绩第一，清华经管学院团队穿越速度第一。在听到奖项的那一刻，陈洪哭着离开了会场。那片八百里流沙渗透着大家的汗水，甚至是殷红的血。两个第一就削弱了冠军的分量，而且最大的那块沉甸甸的冠军奖牌偏偏又不见了，这猝不及防的两点让奋力苦战 4 天的长江戈友心有缺憾，蓄积的感情如潮水般漫过心闸。

因为付出，所以投入。陈洪的落泪，像一根刺，扎痛了 11 名长江戈友的心。领队王睿女士冲到台上，在干燥的戈壁荒漠中，她的声音像一股清泉，蕴含着东方女子的温婉。她的话绵里藏针，她说，她从小敬仰清华、北大，今天在戈壁滩上，与清华、北大的同学一起挑战极限，这是一种荣耀，但是凭借今天的表现，长江无愧于冠军的称号。

一番话说得现场的戈友闷闷的、蔫蔫的。

长江戈友回忆当年，复原出颁奖环节的另一个版本。长江商学院夺冠是意外，我们近乎英勇的表现颠覆了其他商学院对长江的观感，也超出了组委会的判断与预测。清华经管学院的戈友实力强、准备充分，本应夺冠，但是长江如同黑马，在黄沙中杀将出来，赢得了高分，在减时的环节，清华不服气。组委会组织赛事本以体验为主，无意坏了各家兄弟院校的和气，所以才采用了现在的方案。

首届戈壁挑战赛的晚宴分享会持续到凌晨一点，大家最后都带着酒劲，带着遗憾。长江戈友、EMBA 六期同学张鹏飞走到曲向东面前，重重地拍了一下他的肩膀说："向东，加油，以后戈壁挑战赛办了十届、二十届后，我们为你颁发一个大大的奖牌。"曲向东有些愕然，关于赛事，他还没想得这么长远，但这番话令他心头一暖，一个人被信赖、被期许，也会让他激发一种力量。

长江戈友陈洪泪洒当场，几令曲向东惊愕，他在心里第一次打了问号：

为什么这些长江戈友对名次、对戈壁赛事的荣誉这么在乎？他们是商界精英，哪个不是荣誉等身，今天为何对一块戈壁赛事的奖牌这样看重？

在踏入这片神秘、古老、艰辛的黄褐色戈壁后，商界精英与企业家迸发出强大的气场，影响着赛事的走向，在浩浩荡荡的队伍中，在声嘶力竭为冠军奔跑的助威声中，饱含历史情怀的资深媒体人曲向东，却像个刚刚参赛的新手，有些茫然、有些抵触，他跟跟跄跄地跻身于急行军中，被引导着、被推动着向前奔跑。

03

世界是属于强者的

戈赛不是晒伤痛的，而是晒成绩的。戈赛需
要硬功夫，具备足够的能力才可参赛。所有参赛
的戈友都是来自商学院的企业家，这波人来戈壁
参赛，既代表自己，也代表学校，大家对于荣誉
感的追求非常强烈。彰显荣誉感最重要的路径就
是奋力奔跑，取得最好的成绩。

江昌雄
00184G03

郑 磊
00398G03

齐 力
00408G03

王 伟
00411G03

刘 俊
00409G03

王 薇
00410G03

乔新宇
00413G03

高 燃
00416G03

杨朝辉
00417G03

彭 晋
00422G03

张 波
00419G03

程晓伟
00421G03

蔡军毅
00423G03

EMBA 十一期同学周延报名参加了长江商学院首届白沟选拔赛，他是东北人，体胖，其他同学跑，他只能走。起初，他拄着拐杖助力，不久脚就磨破了。同学们劝他乘车，他断然拒绝，说："我滚也滚到终点。"最后，累到筋疲力尽，他真的躺到地上，一点点滚向终点。

滚也要滚到终点的周延代表了大多数长江校友。"大家都是搞企业的，凭什么他就比我跑得好？""创业这么苦的事我们都坚持下来了，跑步还坚持不下来吗？"在长江戈友群，经常会听到这样的心声，他们不服输，一旦确定了目标就会拼出全力。

戈赛需要硬功夫

回顾戈赛早期历史，长江戈友当时的心态有些拧巴，可以概括为一句话：平常基本不训练，赛时特别想夺冠。长江人以民营企业家为主，重自尊、脸皮薄，争强好胜，不夺冠就痛苦，但在当时又没有一个系统的训练体系。

戈二时，长江几名大将带伤比赛，过程十分艰险。这让王睿反思，她从不怀疑长江同学的热情和能力，但参与戈赛需要专门的训练，无准备就迎赛，势必会受伤或发生意外。戈赛需要硬功夫，具备足够的能力才可参赛，从队员到队长，都需要选拔。

白河峡谷坐落在北京怀柔和密云的山麓中，不少长江戈友已经忘记了它原来的名字，因为大家都以"白沟"代称这里。这里有一条战备公路，每年10月底，长江戈友都会以白沟选拔赛为起点，踏上戈壁的征途。2008年4月，在王睿的组织和筹备下，第一届长江戈赛选拔赛开锣，约有50名喜欢户外运动的校友自费从全国各地云集白沟。此后，每一届长江戈友都是从白沟走进了戈壁那令人终生难忘的4天，这条32公里的上坡路成为检验长江校友毅力与勇气的赛道。

在终点，王睿等待同学们冲刺。程晓伟、乔新宇、王薇、彭晋陆续撞线，王睿一一问他们："今天跑了这个成绩，你发挥了几成的力气？你愿意为长江夺冠而努力吗？"当时没有其他专业的设备，王睿只能靠这两个问题来判断大家还有多大的潜力，有没有夺冠的决心。

白沟选拔赛是长江戈赛的一个重要节点，戈三的绝大多数队员全部来自白沟选拔赛。从此之后，长江校友想要参加戈赛需要靠跑步实力。作为老戈友，王睿觉得，戈赛不是一场瞎跑、死跑的事儿，必须懂得统筹安排、战略战术、组织调动、配合呼应，这就需要一个合适的队长。王睿眼中的戈赛队长，除了个人能力极强之外，还要"特别聪明"，"队长的角色就应该是一家公司的CEO，方向明确，有勇有谋，有强烈的赢的渴望，会想方设法夺取冠军"。

"

戈赛不是一场瞎跑、死跑的事儿，必须懂得统筹安排、战略战术、组织调动、配合呼应，这就需要一个合适的队长。

"

在戈三时，这个重担落在高燃身上。

在一次同学饭局上，高燃偶遇王睿，然后就被拉去白沟参加比赛。高燃出生于 1981 年 11 月，清华大学本科毕业，为国内八零后的创业明星。2007 年 10 月，他入学长江，当时还没满 26 岁，几乎是长江商学院历史上最年轻的 EMBA 学员。高燃回忆道：

> 我当时没经验，之前也没跑过长跑，穿着一双足球鞋就去了。
> 足球鞋只适合在草坪上走，不适合在白沟的路上跑，所以当时挺惨。

当然一开始，我是遥遥领先，后面就开始脚疼了，没几步就要歇一下。前半段是跑，后面就慢慢地走，直到现在还有后遗症，偶尔还会脚疼，当时脚掌严重受伤，估计骨骼也受伤了，但我不后悔，毕竟是长江第一届白沟选拔赛嘛。

但比起其他院校，长江的准备还是不足。2008年5月，汶川大地震，有戈友临时有急事不得已退赛了。在西安候机时，乔新宇眼看戈三长江阵营缺将，于是想起了热爱户外运动的校友江昌雄，乔新宇给江昌雄打电话说："给你一个大大的荣誉，来戈壁参赛，给你15分钟考虑。"没想到荣誉来得如此突然，江昌雄临危受命，雄赳赳气昂昂地来到戈壁，残酷壮美的戈壁"赐予"了他脚底18个泡，自此长江戈友赠他绰号：十八泡。

长江理想，生命飞扬

戈三的第一天竞赛日，长江领先清华20多分钟，仅仅比拼跑步速度，长江不如清华，但长江胜在临场应变和谋略。每次比赛，组委会都会规定一个路线图，在两端打卡即可。乔新宇、高燃提前来到敦煌，赛前租来一辆吉普车，实地考察。他们发现，如果走直线而不走中间的补给站，可以省一些路程，但中间这条路是拓荒之路，少有人迹，他们担心发生意外或者与赛制不合。

高燃是清华本科生，乔新宇是西安交大的硕士，两人现场画了一个图，想计算直线比夹角线的距离到底近多少。这是一个常规的中学数学题，只是毕业多年，两个高材生忘了计算公式是什么，在戈壁滩上急得抓耳挠腮。

他们想起一位同学有个上高中的女儿，于是立刻打电话给这位同学，硬是找到同学的女儿，终于问到了公式。

经测算，直线距离近 1.2 公里，在戈壁上省 1.2 公里，就能缩短十几分钟。乔新宇、江昌雄、张波和高燃几人商量，决定冒险走直线。

5 月 24 日是比赛日，乔新宇、高燃、张波、刘俊组成男子第一梯队代表长江参赛。刘俊时任长江商学院金融学教授，是唯一一位作为竞技队员出现在戈赛的长江教授。2008 年，刘教授 48 周岁。

为减负疾速前进，4 人出发前每人只带了 3 瓶水，走到半途，水已喝完，地图上显示前方有一条河，但眼前只有看不到尽头的戈壁。他们通过对讲机呼叫，得知只有横向走四五公里才有水站，但如果横向找补给，成绩肯定会差不少，于是 4 人顶着毒辣的太阳，继续向前，所幸遇到了疏勒河。河流地势很低，所以未曾出现在众人视野中。大家冲到河道旁，趴在水面上，抛弃了精英的体面，狠狠地喝了个够。

事先，长江戈友问裁判，是不是一定要过补给站？这个问题其实包含了两层意思：规则要求一定过补给站，还是路线要求必须过补给站？

裁判回答，不一定。组委会未曾深思，没有意识到现实中的补给站与直线路线偏出几百米，已经不在直线赛道上，只是认为，参赛者沿着赛道走，肯定要通过补给站。而此时，长江队员对于赛道的研究已经超过了官方组委会。

第一天竞赛日出发前，长江戈友又追问了一句，是不是必须经过补给站？裁判纳闷，补给站就在赛道上，肯定要经过啊，起点、补给站、终点在一条线上，怎么会不经过呢？这就像从西单直线走到东单，怎么会不经过天安门呢？

依照惯例，戈二的冠军清华经管学院先出发。当清华经管学院的队员到达补给站时，回顾竟然没有追兵，只远远看见长江两名女队员在走。殊不知，这是长江同学布下的瞒天过海之策，4名男队员早已暗度陈仓，走了直线距离，清华见无人跟随，也有松懈，开始走走停停。

戈三竞赛日，曲向东正好在B段赛道的补给站，看见清华戈友拍马杀到，惊讶于他们的速度，清华戈友不放心地问："看见有人过去了吗？"曲向东摇头说："你们是第一个到的。"清华戈友把心放到了肚子里，吃水果、洗脸、解暑，休整了一会儿，但没想到清华戈友再出发时，竟然发现北大、长江的戈友已经在前面，此时再反追，已经太迟。原来，这两家商学院都走了直线距离。赛后，长江遭到友队的投诉，理由是长江队员没有通过补给站，违规参赛。

当晚，组委会道歉，把打卡问题的责任归在组委会，他们没有想到所有情况，而戈友对于规则和赛道的研究已经超过了官方组委会。曲向东也承认，正因有长江戈友这样对比赛规则全方位的研究，才推动了这个赛事不断完善。

第一届和第三届玄奘之路商学院戈壁挑战赛，冠军都属于长江商学院，队员们近乎英勇的表现颠覆了其他商学院对这家刚成立5年的商学院的认知。2008年，汶川大地震撼动世界，高燃去了灾区赈灾，在汶川住了10余天，目睹了灾区的悲壮。他从灾区归来后，即飞敦煌参加戈三，灾区的种种依然印记在他的心中，高燃思考了许多，当时众戈友为戈三思考新的口号，他吐口而出："长江长江，生命飞扬。"戈三的齐力老师修改了前一句，"长江长江"改为"长江理想"，更加琅琅上口。从此之后，"长江理想，生命飞扬"的口号响彻戈壁。

强者是戈壁最可爱的人

如果说玄奘之路是一条布满历史沧桑感的绳子，那么体验与竞技就是交织缠绕的两股力量，这两股力量有时融合在一起，有时却互相拉扯。

曲向东回顾首届戈壁挑战赛时说："我压根儿没有想到，大家会这么拼命比赛，甚至我的心里有些恐惧，担心出现意外，因为安全第一。"曲向东对比赛的走向有种谨慎的担忧，他常与戈友沟通，戈壁这种比赛其实是一种人与自然之间的对话，比赛只是一种形式，冠军并不重要。

前三届，玄奘之路组委会组织分享会时，上台诉说的全是伤痕累累且成绩不佳的戈友，罕见强者风采，就连曲向东也不清楚个人成绩最佳的是哪几位戈友。从安全的角度，强者无须照料，能自发完赛，自发找到营地休息。出于赛事保障，组委会的工作人员则要一路陪同跑在后头的戈友。在戈赛中，跑得慢的有关注、有陪护，跑得快的"嗖"地一声就没影了。跑得快的人注定是孤独的，没有人能跟得上，没有人知道他们的心路历程。

到了分享会上，工作人员想起的自然是熟悉的人，于是上台演讲的多是成绩不佳且有一肚子话要讲的人。曲向东说："我不是主观地鼓励、同情弱者，但确实形成了这样的分享结果。"

王睿也觉得不对劲，她拽住曲向东说："我发现一个问题，分享会上的都是走在后头的人，强者哪里去啦，跑得快的人哪里去啦？你现在也是一个创业者，你不应该去提倡、鼓励弱者文化。"

这里的意思不是不同情弱者，而是要放在戈赛的环境中具体思考，首先鼓励的应当是为赢而拼搏的人。走在后面、走得很惨的队友可以去诉说、去展示自己如何不容易，但不要忘了，冲在前面的队员也付出极多，而他们并非天生的运动员，有付出才有回报，他们才是戈赛最可爱的人。如果把展示的机会都给了成绩不好的人，就势必会忽略卖力跑在前面的戈友，这样有失公平。戈赛是一个竞技的舞台，就像奥运会，难道不给前三名颁奖，反而去表扬后三名吗？

> **队长的角色就应该是一家公司的 CEO，方向明确，有勇有谋，有强烈的赢的渴望，会想方设法夺取冠军。**

戈赛的未来是什么？是纯竞技的，还是纯体验的？这是一个战略选择。戈赛的生命力就在于竞技，这是参赛者的身份决定的。所有参赛的戈友都是来自商学院的企业家，这波人来戈壁参赛，既代表自己，也代表学校，大家对于荣誉感的追求非常强烈。彰显荣誉感最重要的路径就是奋力奔跑，取得最好的成绩。回顾历届戈赛，哪有一次轻轻松松夺冠的经历？哪一次不是奔跑在体能极限的边缘，不是全力以赴、竭尽所能达成目标？

对曲向东来说，这番话醍醐灌顶，自戈五开始，戈赛主抓竞赛。

第二部分

我就是来拿冠军的

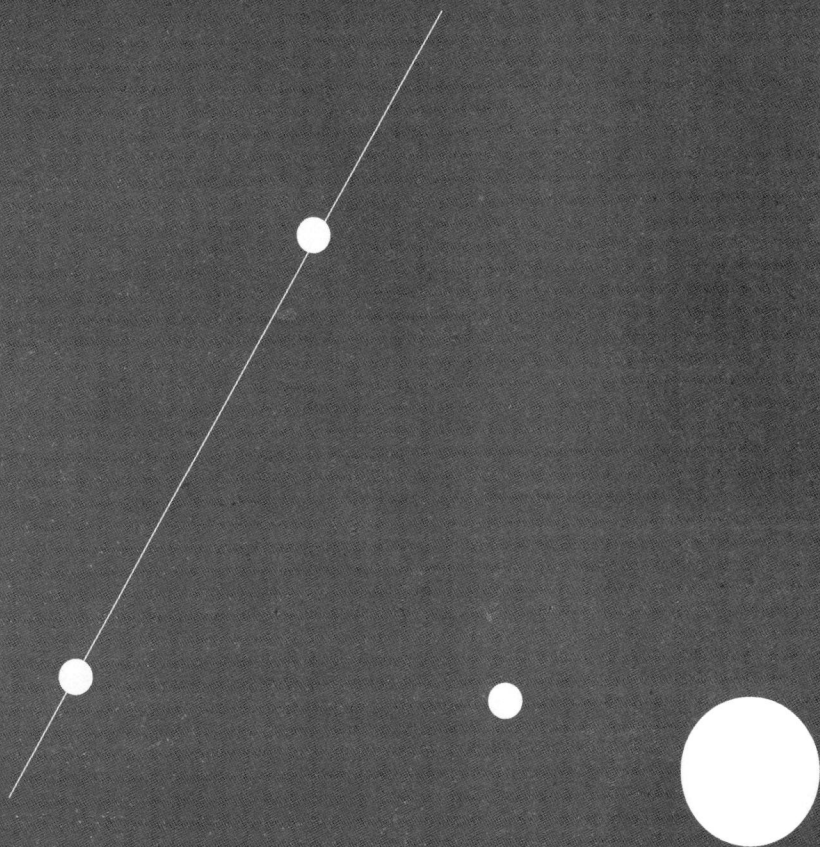

卓越企业家带领的成功企业，赢的基础不在于战略、产品和市场，而在于真正培养且留住了人才，打造了一支战斗力强的团队。

戈壁挑战赛讲求的不是单打独斗，而是团队的共同胜利。如何找到自己与共事者的互补模式，更好地协同作战？如何将利益不同、诉求不同的个体团结在同一个目标下？面对突发事件，又如何快速做出决策？一年一度的商学院戈壁挑战赛对于每一位参与者，都是一次有关领导力的生动实践。在戈壁这个充斥着不确定性的残酷赛道上，以商学院校友为代表的中国企业家所展示出的领导力，为企业家精神提供了全新的视角和维度。

信息与科技大爆炸的当下，所有人都在谈转型、谈变革、谈大数据，但要变什么，又怎么去变呢？这是每个企业领导者需要沉静思考的问题。面对瞬息万变的外部环境，不断挑战常规、提出对未来的愿景，并激励组织成员实现愿景，这也是企业家在变革时代的使命。

张晓萌

马里兰大学史密斯商学院博士

长江商学院组织行为学副教授

04

有实力才能让梦想真正落地

中国的创业环境和美国大不相同，美国人笃信梦想，创业者有梦想的光环加持，但中国人的创业更实际，如果不谈落地，只聊梦想，就会被扫地出门。戈壁的这批小伙伴内心还有梦想和情怀，但光有梦想还不够，要有实力才能让梦想落地。

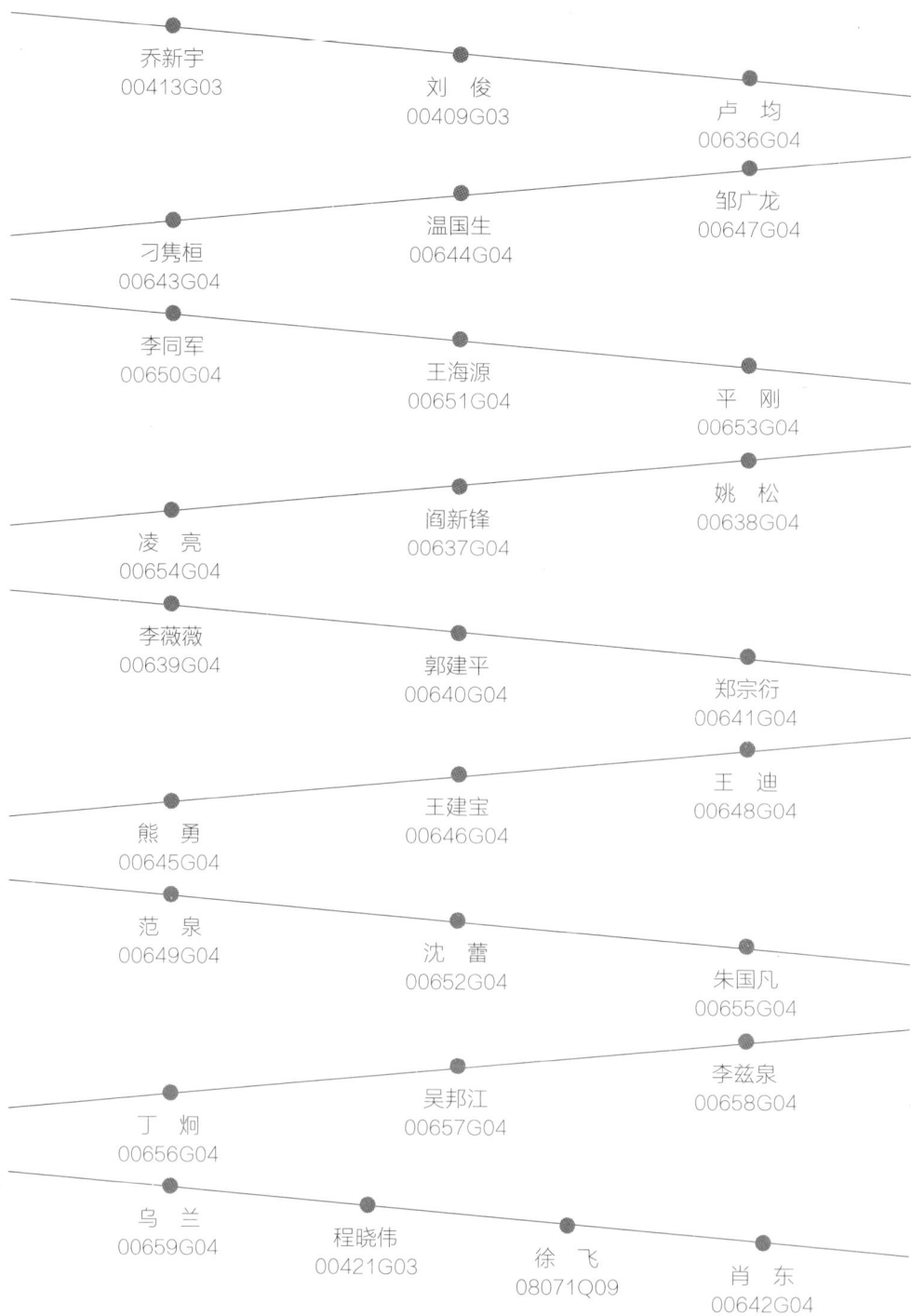

乔新宇
00413G03

刘 俊
00409G03

卢 均
00636G04

邹广龙
00647G04

温国生
00644G04

刁隽桓
00643G04

李同军
00650G04

王海源
00651G04

平 刚
00653G04

姚 松
00638G04

凌 亮
00654G04

阎新锋
00637G04

李薇薇
00639G04

郭建平
00640G04

郑宗衍
00641G04

王 迪
00648G04

熊 勇
00645G04

王建宝
00646G04

范 泉
00649G04

沈 蕾
00652G04

朱国凡
00655G04

李兹泉
00658G04

丁 炯
00656G04

吴邦江
00657G04

乌 兰
00659G04

程晓伟
00421G03

徐 飞
08071Q09

肖 东
00642G04

在上海滴水湖预选赛中，孙格非对戈赛的魅力将信将疑，她不肯跑，只愿绕湖走一圈，然后直接走人。老戈乔新宇耐心地陪她慢慢走。乔新宇敏锐地发现孙格非内心缺乏安全感，于是跟她聊运动、户外以及戈壁对性格塑造的好处。他们走了十几里，聊了一个多小时，孙格非望着湖面说："我要不试一试吧。"过了一会儿，爱美的她又有了疑问："戈壁上怎么洗脸？我可以带个脸盆参赛吗？"

寻找眼中有光的人

几乎每届戈赛的赛制都在变化。比如，从戈四开始有了 A、B 队的划分，每天不取平均成绩，取第六名的成绩。取平均成绩的弊端是，戈友们分头行动，自由奔跑。取第六名成绩意味着，参赛队伍须有战术配合，计划整场比赛怎么跑，前队和后队怎么配合，保证每天自己团队的第六名是最快的。到了戈六，女生成绩减时一小时，女生在戈赛的影响越来越大。

戈六 A 队有 3 名长江之花：文艺、罗志兰、孙格非。从戈一时起主导作用的王睿，到戈十三时长江 A 队的 10 人名单，其中涌现出一朵又一朵戈壁玫瑰。长江戈壁挑战赛的历史，始终笼罩着一道绚丽的女性光芒。难怪有老戈戏言，长江戈赛靠"女神"赢。戈七以前，选拔队员是通过点对点发动，戈赛还是一项半封闭的小众运动，戈赛的群众基础也远没有今天这样强大。

卢均、平刚、乔新宇，他们是长江戈壁历史上著名的"铁三角"。戈五即将开赛时，铁三角邀请薛云奎教授参加戈赛。完赛那一天，中欧有百人之众的队伍迎接自家队员，但长江这边只有 3 个人等待队员：薛云奎教授、乔新宇和另外一位校友。中欧的戈友说："要不我们也为长江鼓鼓掌吧。"从戈四到戈七，戈赛在长江还是一个小众的运动，几乎是靠老戈友薪火相传。

乔新宇崭露头角是在戈三，卢均和平刚出现于戈四。铁三角的分工是，乔新宇牵头组织，他性情包容，发现了多名戈赛种子选手。卢均是教练，是赛事领军人物，他本人是一个户外九段高手，平素不爱应酬，不爱交际，在戈四到戈七中一直全情投入。平刚是一个知名的设计师，拥有诗人的气质。

戈四，长江是亚军，有的戈友完赛后就淡出戈赛了。乔新宇不甘心，他与平刚、卢均天生热爱户外运动，他说：

> 卢均是中国最早玩户外的那拨人，我和平刚同一天生日，都是射手座，是内心激情澎湃的那种人。喜欢户外运动的人都有一种特质，这个特质无法描述，我们基本上跟一个人聊几句，就大概知道他有没有户外特质，他的眼睛和神情都能体现出来。我们真心想把戈赛的传统传下去。我们的想法很单纯，就是一起干一件一辈子都有点印记的事情。

铁三角经常在小范围内宣讲戈赛，台上讲得激情澎湃之时，暗暗观察台下哪位同学眼中有光、心向往之，以此判断这位同学的内心有没有激情，如果有，那就要设法将它激发出来。

乔新宇和阎新锋是西安交大的校友，十几年前，阎新锋是30出头的意气青年，性格比较冲，希望继续念书磨炼一下，大学同窗乔新宇引荐他来到了长江。2008年，长江戈三夺冠，阎新锋在大学时代就是跑步健将，于是乔新宇力邀老同学参加戈赛。

2008年是中国的转折年。过去，整个时代的风气偏重吃吃喝喝，商学院也难免盛行酒文化，很少有人去跑步、去户外。白沟选拔赛前，乔新宇组织了一次五指山的户外徒步活动，那时还没有微信，长江商学院每一期校友都有指定的邮箱，新宇一一给同学们发邮件，召集了七八十位同学，这些同学正是白沟选拔赛的主要参赛队员。

一次宣讲时，乔新宇注意到，长江同学文艺对戈赛有兴趣，但他们没有深聊，平刚主动请缨，从北京飞到郑州，就是为了见文艺一面。文艺时任河南卫视频道总监，与平刚见面后，燃起了对戈赛的热情。在戈六的比赛中，长江夺得团队季军，而被平刚打"飞的"拉来的文艺勇夺女子个人季军。

直到今天，孙格非都觉得能成为长跑爱好者是件不可思议的事情。在被乔新宇"忽悠"之后的几个月，为了冲击A队，她不远千里赴上海、奔甘肃、跑三亚，每天挣扎在训练和休息的边缘，清明节和劳动节的小长假全部奉献给了运动。爱美的格非不再顾及风吹日晒，不再顾及即将到来的夏天与瘦身大计，戈壁已然成为她的一个梦想。

你不是不能跑，而是不敢跑

戈壁竞赛日前一天，大战将临，长江组委会成员来到帐篷，挨个与区杰谈话，问她能不能跑，能不能为长江的荣誉拼搏。饶南是戈十二 A 队教练，他回忆道，区杰的内心有一股狠劲，她之所以能入选 A 队，是因为她爆发了自己的内在力量。

2010 年，央视财经记者区杰来长江读文创班，次年攻读 EMBA。老戈不论年龄，只看阅历，她参加过戈七、戈八的 C 队，见证了戈八长江的夺冠。但区杰一直是体育小白，极少锻炼，能坐车就不走路，能坐电梯就不爬楼。当戈九 A 队的马春美介绍她到长江的北京训练营跑步时，区杰提前悄悄练了一段时间，有了跑 5 公里的能力，才来到训练营。2015 年春，第一次在教练的陪跑下，她一口气跑了 7 公里，超过了预期。教练夸她有天赋。区杰后来明白了，教练的鼓励是阳光普照奖，是所有新人的精神福利。

教练是具有权威的，一个权威人士用不容置疑的口吻告诉你"你有天赋"，你当然愿意相信这是真的，接下来就练呗。区杰找到了新的兴趣点，她是一个计划性很强的人，一旦决心训练，就制订了计划表。戈十之后，她成为第一批戈十一的备战队员。

2015 年，央视财经频道多风雨，人员大动荡，台里的记者、编辑、主播人心惶惶。区杰对下一步的职业方向感到很迷茫。她欲转身，离开体制这样一个铁饭碗，但接下来去做什么呢？同时她又很明确地知道，自己该与央视告别了。体制内自有温暖，如果此时不转身，她害怕自己未来更加没有勇气离开。当时，她的身体也出了状况，做了 12 年的传媒工作，在高负荷的运转下，她的身体与心灵都到了疲惫期。

不久，在白沟选拔赛，区傑与刘刚、李登彪所在的第五纵队，拿了跑步第一名，第五纵队后来出了7名A队成员。小组成员的交流只攻跑步、训练、康复，不涉其他。运动是一块蛋糕，只有流过汗水的人才有资格尝到甜蜜。一个不爱运动的女生，渐渐成为一个追风跑者。区傑前后判若两人，她的生活有了很大的改变，过去和闺蜜泡下午茶的工夫，现在全部用来跑步了，穿职业装的时候少了，穿运动装的机会多了。

她悟到：**悲观多体弱，强者自豁达。**一个人的信念与其体魄直接相连，运动一来强健其体魄，二来坚毅其意志。现代人多抑郁、多苦闷，抑郁意味着一个人的勇气枯萎了，信念之花凋零了。

跑步催生了勇气，在勇气的火炉里淬炼了信念，戈赛给每个人带来了不一样的体验。客观来说，如果一个人生活安逸、一帆风顺，没有几个人会选择来戈壁。大家都是来寻找一个突破点的，有的在找一个情感的突破点，有的是在寻找学习的突破点，有的是在探索事业的突破点。跑戈壁的伙伴们很多都在寻找一种自我的救赎，区别是有的找的是身体上的，有的找的是精神上的。戈赛会把你原有的生活圈完全颠覆，换到另一个场景，你的时间大部分投入到跑步上，自然少了许多应酬和交际，你还会认识一批全新的朋友，一天到晚就聊运动。

虽有几家健身俱乐部邀请过区傑，但她为什么来长江备战戈赛？长江之水浩浩荡荡，不缺资源，不缺风口，势道术齐活儿，商界群星荟萃；戈赛这件事对所有人都相对公平，同学们大多是零基础，金钱在这个平台上的作用很有限，大佬的身价、富二代的光环在赛道上显得如此黯淡，这里的荣耀属于运动健将。在当今社会，难得有这样一个平台可以来公平竞技。

她有时候会想，为什么大家来到戈壁，每个人背后的心路历程是怎样的？比赛的冠亚季军是一种荣誉，但在荣誉背后，这些队员冲击 A 队的心路历程以及他们来戈赛的种种原因才是最大的闪光点，才是最值得去追寻与探访的，这些人的真实体验才会打动人、感染人。

作为媒体人，她见证了纸媒的衰落、电视媒体的兴衰以及互联网的狂飙突进，国人学习新事物的能力很强，抛弃旧东西的能力也很强。很多媒体人离开体制后，走上了自媒体的道路，区杰觉得，一个人的思想任凭如何富饶，也会有江郎才尽之日，团队的力量才是有源之水。

过去十几年，她一直身处一类媒体，习惯高举高打，但创业就要把身段放下来。她从小就独立倔强，从南方家乡考进中国传媒大学，随后到央视打拼。单打独斗的人有种执念，似乎觉得凡事单凭个人努力就能实现，然而，创业是另外一回事，创业压根不是一个人的舞台，创业是统领一批人的事儿。以前，做好自己、独善其身就够了，而创业是与一个团队共荣辱、同进退的协作。

近 3 年，中国经济一年一个新词儿，前些年是大数据，接着是人工智能，现在是区块链。无论风口是什么，流行的概念是什么，人才和资本才是根本。中国的创业环境和美国大不相同，美国人笃信梦想，创业者有梦想的光环加持，但中国人的创业更实际，如果不谈落地，只聊梦想，就会被扫地出门。

戈壁的这批小伙伴内心还有梦想和情怀，但**光有梦想还不够，要有实力才能让梦想落地。有梦想、有规划、有实力，是一个创业者的三要素。**

今年是改革开放 40 周年，前 20 年的社会风气以结果为导向，能把事儿干成就行了，别问怎么干的。当时整个社会太推崇成功学，忽略了价值观的构造，但当资本累计到一定程度，商业文明的理念悄悄地在社会大众心中发芽。

区傑没有参加戈十一，她觉得自己参加训练的时间太短了，在心理上有所顾虑，不够自信。戈十二的教练对她说：你不是不能跑，而是不敢跑。20公里的白沟选拔赛赛程，戈友张霞在最后5公里就敢提速，区傑到了最后3公里才会提速，她担心提速早了会跑崩、晕倒。要想与A队队员并肩战斗，她还缺一点点冲劲和果敢。

为了储积信念，她多等了一年，为备战付出了很多，甚至挤掉了陪伴小孩的时间。人生是不完美的，当你想要经营自我、寻找突破与救赎时，有时就会无暇照顾家人。戈十二之后，她又重新调整了生活的重心，把精力放在陪伴小孩上。人不能什么都想要，那样很容易顾此失彼，但在不同时期，要有一个优先排序的过程，抓出对人生最重要的事情，坚定地一以贯之。

你不是不能跑，而是不敢跑。

区傑以前从来没有想过离开央视，现在也离开了；以前从没有想过身为女人会单打独斗地创业，现在也慢慢走上了创业之路。没有一个女人天生是女强人，一定要干成轰轰烈烈的大事，区傑也不是这种硬派性格的人，但现在被逼着走到了这个位置上，那就只有将之做好。这需要发心和狠心，力克对手，才能守住那颗初心。

"我最脆弱的命门就是怕别人不理解我，"区傑说，"我这个人头可破，血可流，但委屈不能受。我是特别不能受委屈的人，但是我又特别不善于去解释。"

之前，区傑并不被大家看好，但饶南希望她能冲A成功，因为出于战术需要，戈十二中希望能多一名女生。戈赛两次选拔中，饶南留心了区傑的表现，终极选拔赛最后15公里中，途经风车镇，那是最难、最苦的赛段，饶南在前领跑。为了测试她在巨大压力下的应对状态，他故意激她，催促她加速，若是旁人，估计早已崩溃，区傑却不断提速，在风车镇跑到了6分钟以内的配速，而优秀的男选手在此路段的成绩也大多超出6分钟。区傑一路飙速，一直扛到了终点，最后哇哇大哭。

A 的标准是什么

戈八队员有个理念：我即使进不了 A 队，也要提高进 A 队的难度和门槛。到了赛道上，参加比赛就肯定想争名次，这是人类的一种本性，谁都希望走到前面，谁都希望赢，谁都希望超越自我，谁都希望今年的成绩比去年的更好。

乔新宇
00413G03

卢 均
00636G04

平 刚
00653G04

舒 晶
00863G05

张立先
00862G05

薛云奎
00861G05

李 清
00864G05

苗成位
00865G05

王翊虹
00866G05

李 镔
00869G05

朱先旭
00867G05

郭 涛
00868G05

郭正光
00870G05

王德勇
00871G05

白 韧
00872G05

钮蓟京
00875G05

戴武兵
00873G05

陈 川
00874G05

张熙华
00876G05

奚志忠
00877G05

郭 奎
00878G05

李晓斌
00881G05

闫武革
00879G05

袁丽淇
00880G05

李靖霞
00882G05

高 勇
00883G05

赵志刚
00884G05

沈 蕾
00652G04

朱国凡
00655G04

戈八队员有个理念：我即使进不了 A 队，也要提高进 A 队的难度和门槛；如果我练到自己能达到的最高水平，但还是进不了 A 队，那也不会后悔和伤心，反而会很高兴，因为你们的成绩比我好。

这句话发自内心，不是虚假和做作，也不是高风亮节，而是一种共识。这种共识是标准，是原则，不经历冲 A 的锻造过程，说不出来这样的话。如果有人把一个人拉下来，把另外一个人塞进去，这就会激起戈友的愤慨："我们这么多人付出这么多才达成目标，你却轻易地把另外一个人塞进来，为什么？标准是什么？有没有组织原则？"

冠军、冠军、冠军，一切为冠军让路

陆宏达是长江 EMBA 十九期校友，他报名参加了白沟选拔赛。白沟赛道中有个隧道，黑漆漆的，当时迎面来了一辆车，灯光耀眼，他往旁边一躲，不料路旁有条暗沟，右脚因此崴了，疼痛难忍。这时，离终点还有 29 公里，老戈卢均追上来关切地问："还行吗？停下查看一下吧。"

宏达不肯放弃，咬牙继续跑，右脚脚底剧痛，于是右脚掌蹭着地面跑，主要由左腿发力，这样一瘸一拐地跑完了29公里，硬撑着奔赴终点，获得了第一名。只是20分钟后，宏达的脚底愈发疼痛，右脚不能贴地，只能单腿跳着移动。50分钟后，戈友们纷纷到达终点，大家开始从白沟回城。半夜时分，到了宣武医院，医生询问具体情况，宏达嘟哝着说，自己可能骨折了。医生摇头，不容置疑地怼了回去："不可能，骨折还会跑这么远？"一拍CT，果然脚底骶骨骨折，他当晚紧急打石膏，开始拄着拐杖支撑右腿。

一个多月以后的东莞松山湖选拔赛，陆宏达依然去了，他伤情未愈，却单腿用力骑着自行车陪伴大家跑步。从戈七到戈十，长江的每次戈壁选拔赛，宏达无一落下。

宏达是宁波人，"喜欢瞎折腾乱动"。高中上晚自习，中间有一大段课间时间，他就出去夜跑，大汗淋漓之后回去继续学习。之后，他考入西南财经大学念经济法专业。没错，这位特别讲究逻辑与执行力的男士是文科出身。大学期间，他获得过学校运动会男子5 000米长跑冠军。在海边长大的宏达喜欢游泳，但在学校的泳池游不爽，不仅开放时间有限，而且还要花钱。他羡慕学校游泳队的成员能自由出入泳池，于是开始自学各类泳技，赢得了学校1 500米自由泳冠军。

他是个户外高手，多次进藏，喜欢滑雪，微信签名是：证券并购，长江戈八A，长江EMBA十九期，75岁还能去阿尔卑斯滑野雪。玩户外的，不上戈壁，不算真英雄。陆宏达有个朋友是长江EMBA十六期的同学，在饭局上，这位校友聊到同班同学文艺参加了戈壁挑战赛。文艺是"长江之花"、戈六 A 队队员，曾任河南卫视的文艺部主任。这个名字就叫"文艺"的资深媒体人于 2013 年开始创业。宏达闻言，双手一拍，声音响亮清脆，说："这个活动好啊，我要参加。"陆宏达于是报名了长江商学院，他的目标很清晰，来长江就是为了参加戈壁挑战赛，既然是比赛，就要拿冠军。

定了什么样的结果，就该招什么样的队伍

戈七之前，戈赛在长江校友中并无多大的群众基础，知名度也一般，白沟的选拔赛不过二三十人参加。戈七是一个拐点，上戈赛的长江阵容将近 100 人。戈七之后，长江商学院组建戈八组委会，陆树林、彭一峰、税新、施健、张杰等入选戈八组委会，戈赛组委会第一次经过学校的官方认定。

在戈七这个拐点，体验与竞技这两种理念继续分化。自戈五开始，赛事组委会有意将戈赛打造成一个包容性更强的赛事，希望将体验和竞技都纳入比赛之中。但是，这可能是赛事组委会的一厢情愿，一场赛事只能有一个核心，戈赛不能是双头蛇，有两个主旨和目的。

至今，有的老戈仍然认为，玄奘之路体现的就是生命的博大以及人的一种精神追求，无所谓竞技与速度。如果只有一家参赛队伍，或许就能原原本本体现玄奘之路的精神。但事实是，从戈一、戈二、戈三开始，在还不到 10 家商学院参赛的时候，各家队伍就已经开始比拼了。到了 2018 年的戈十三，参赛队伍已有 64 家商学院，到了赛道上，参加比赛就肯定想争名次，这是人类的一种本性。谁都希望走到前面，谁都希望赢，谁都希望超越自我,谁都希望今年的成绩比去年的更好。戈赛点燃了队员内心的激情，

激发了企业家的使命感，熔炼出了商学院的团队精神。

陆宏达是一个目标很明确的人，他说：

> "目标一旦明确，只要认为这件事是对的，我就会坚持做下去。我一直说在长江做事的出发点一定要正，如果有自私的念头裹在里面，这件事就一定做不好。"如果出发点是正的，中间可能有各种各样的人反对你，但绝大部分的人会慢慢理解你，"做事情时，你不可能让所有的人都满意，如果你让所有的人满意了，这件事可能也就悬了"。

2013年3月，长江戈友齐聚云南抚仙湖，由EMBA十二期校友石一龙牵头组织。宏达打开电脑放投影，回顾戈七中中欧商学院的战术。戈友朱永宜来自台湾，在同学中的昵称是朱朱，她听了宏达的讲解，眼前一亮，说："宏达你天天喊冠军，我们不敢喊，觉得压力太大了，我们一直觉得冠军也就是喊喊口号而已，今天听了你的分析，我觉得我们夺冠有望。"

不过，队员与组委会的矛盾也是在抚仙湖终于浮出了水面。依照戈四到戈七的惯例，组织者决定一切，包括怎么训练、怎么比赛，但陆宏达认为自己比组委会更加熟悉戈赛、更了解队员，谁熟悉戈赛，就应该由谁来决策。在训练方式上，大家吵得不可开交，陆宏达仿佛石头里蹦出的猴子，挑战权威。组委会称，宏达不感恩，不懂戈壁传承，破坏了戈赛一贯的和谐团结。

老戈阁新锋提出一个折中的建议：从备战队员中选出准队长、准政委，和组委会委派的教练组一起成立顾问团，专抓A队建设；训练方式不是教练说了算，而是以顾问团的意见为主。于是，队员们分别推选陆宏达、陈国强为准队长、准政委。

戈八组委会中的老戈出于慎重，忧心新队员上戈壁有风险，选拔 A 队成员时更考虑老成持重之人。戈八之前，中欧商学院连续 4 届斩获戈壁挑战赛冠军，在大漠黄沙上一派舍我其谁之相。

不过，争论并未就此平息。在戈壁探路选拔方案上，组委会和陆宏达自己组的准 A 队又产生了极大的冲突。按照宏达的理解，戈壁探路选拔方案至关重要，只有在戈壁实地选拔中才能显示出队员的真正实力，才能确定应该上几个女生，才能了解那 3 天里的每一天是女生还是男生更具备优势。这样，戈壁探路结束时，队员名单和战术就可以基本确定了。这次争论最终还是采用了宏达的方案。

然而，矛盾没有消失，而是又持续了数月，并在 A 队名单公布前完全爆发了出来。组委会临时决定，A 队队员由主教练提名、组委会决定，而之前 A 队队员是由冲 A 队员选举决定的。"五一"当日，大家去三亚拉练，晚上 8 点就要公布 A 队名单，但 7 点 35 分时，组委会和准队员们还在争吵。争执的焦点是，组委会力推一位戈友进 A 队，其他戈友则觉得，这位戈友没来参加集体训练，不熟悉演练的战术，跑得也不快，若这位戈友进 A 队，那大家就集体退赛。刘子良倾吐衷肠：

> 为什么要退赛？我们经历了这么多的苦，费了这么大劲，但现在看来，不会有好的结果，我很失望。我们只有一个目标，那就是打造一支最强的队伍，而最强的队伍中要有 4 名女生。如果只有 3 名女生，我就退赛。经历这一年的训练，如果连队伍都不令人满意，我再去参赛还有什么意义呢？

当时，在最后定戈八Ａ队名单前，朱朱有急事要回台湾，她看到宏达等戈友与组委会发生这样的冲突，有些伤心，对宏达说："要不算了，他们想让谁上就谁上吧，反正都是长江的同学。"宏达摇头。"我们付出了这么多，这样放弃可不行，我们是一定要把冠军拿回来的！"他说，"因为付出得太多了。长江戈友参赛时，一般都是在35岁以上，大家苦练一年、两年甚至更长时间，才有可能进入Ａ队。如果你付出了这么多，你会期望什么，希望得到什么呢？"

长江戈壁史上有太多幕后英雄，他们默默推动着长江在戈壁上前行，施健就是这样一位关键人物。在长江商学院，无论是戈友还是教授、讲师，都尊称施健为"施老大"。施老大是上海崇明岛人，说一口稍显沙哑的上海话，他的口头禅是："我给你讲啊，不要搞事情。"他会不时提醒长江戈友，要记得自己为何而来，初心是什么。戈赛缘起于正能量，激发的也是正能量，长江戈友应该要有格局观，与团队、与对手、与组织方一起维护戈赛品牌，学会体谅人，切勿求全责备。

先前局面焦灼时，约在两个月内，施老大每天打两个小时的电话，协调各方的矛盾。改变一个赛事的基因和血液是很难的，没有漫长的分歧、争吵乃至斗争，是无法改弦更张的。由此可见，一个组织、一家公司转型变革之难。

就在戈八比赛前的关键时刻，施老大委托宋明选广征意见，一一电话通知，召集众戈友开会。

众人争议的，一是谁加入Ａ队，二是比赛的战术。按照赛制，女生可以减时一小时，团队每天比赛的成绩取第六名的成绩。如果2名男生往前冲，跑在最前面，4 名女生跑在后面，虽然女生的成绩会略弱，但减时后会反超男生，这样就能保证团队每天第六名是 A 队中跑得最快的男生。这个比赛窍门是通过善用规则来实现的，也就是将跑得最快的男生排为第六名。事实上，长江戈八 A 队的平均年龄比中欧大 6 岁。宏达说，国强和英偶大姐的年龄加到一块就是 100 岁。长江同学之所以能在年龄不占优势的情况下夺回冠军，靠的完全是战术打法。戈赛 3 天，陆宏达每天的成绩都是第六，但是最终，他的个人成绩是戈赛第一。

"五一"前，戈赛即将开赛之际，施健飞到北京，与陆宏达聊了 3 个小时。宏达和盘托出正在演练的战术打法，同时也说出了能够夺冠的 A 队名单和搞平衡的 A 队名单，他希望施老大能够支持夺冠希望更大的名单。

戈八组委会提倡健康、和谐、友好、感恩的戈赛气氛，不希望大家为了名次去拼命，这种理念放到今天，依然是稳妥、审慎、达观的戈壁精神。但陆宏达的想法也很简单，那就是：冠军、冠军、冠军，一切为冠军让路，不要考虑面子，谁对夺冠有用就谁进 A 队，否则选拔和组织就没有标准，怎么干都是对的，容易掺杂"私货"。

税新是戈八的领队，他和陆宏达同为 EMBA 十九期校友，和陆树林大哥一个班。税新后来解释当时的情况说：

　　大家当时吵得脸红脖子粗，但出发点是一致的，都是为了长江能夺冠。只是面对同一个问题，大家的看法不一样，思考的方式不一样，甚至价值观也有所不同，但重要的是，长江戈友之间没有私人恩怨。

　　我们组委会没有倾向于只用某一个人，选 A 队成员的基本原则是谁跑得快谁优先。我们没有私心杂念，但组委会有决策权，队员只有建议权，要不然整个队伍会失控。矛盾正是出自这儿，根儿也在这儿。当两个队员的跑步速度差不多时，组委会有权力做出决策，选出适合的人。

宏达是目标感超强的人，常与组委会急赤白脸地争论。陈侦说："组委会和宏达的争执，更多的是价值观的争执。"陈侦是戈八的总教练，按照程序，队员应该听教练的意见，但宏达有自己的一套方法，关于怎么配合、怎么跑，双方经常争论，最后还是教练组退让。陈侦说："我后来和宏达开玩笑说，我们是一笑泯恩仇。现在看来，当时的争吵与分歧都是谈资，都是故事。"

宏达的目标感和他的律师职业有关，律师对逻辑思维能力的要求很高，他们会对事情层层推论，有些事情不一定全懂，但可以根据逻辑来推论这件事是否合理。他们不可能记住所有法规，但心里要有一条清晰的逻辑线，知道应该做什么，不能做什么。

陆宏达不仅懂法，而且擅长做各种复杂的方案，大到上市、并购、重组，小到如何减税、审计营业外收入。在他眼中，戈赛就是一个经典的案例，只有把各种可能性都认真计算过，才能赢；戈赛也是一场战争，要想赢，就得仔细排兵布阵。

长江EMBA二十一期的一位校友提醒宏达：慈不掌兵。在长江这个大家庭中，同学们不是高管，就是创始人，各路诸侯，个性鲜明。如果说你来长江，是为了和大家搞好关系，发展人脉，谁都不得罪，也是可以的，但这不是做事的态度。有同学说："我得罪过很多人，但我只是想把事做成。"

筹备戈八时，宏达找到刘子良，对他说："我们一起练，把冠军夺回来。"戈八 A 队这个局，最早就是由这两个硬派男人攒起来的。

在上海崇明，刘子良和孙继军、陈国强商量，由他们三人出钱自主训练，继军邀子良当队长。子良是 EMBA 十三期同学，是学长，他说："在我们这拨人中，宏达最早扯起冠军这面大旗，又数他跑得最快，我们选他当队长。"但这只是队员内部的推选，并没有经过组委会。

当时，备赛队员和组委会的组织链接是分离的，队员们没有组委会的概念，校友中很少有人专门为了戈赛而跑步，只是一小拨队伍自发地在训练。组委会不知道队员的成绩是多少，队员们也没有一个和组委会沟通的渠道。

队员和组委会就像两个身处平行世界的圆，虽然两者的圆心都是戈赛，但互不知情。跑步备赛的校友们认为："没有人找过我们，也没有人传达过任何指示，组委会是谁我们都不知道，跑步备战的是我们，那么这件事就该由我们来负责。"

到了 2013 年，微信开始流行。如果说戈八有组织，那么功臣就是这个全民通信工具。微信群担当了联络彼此、召集跑步、分享心得的重任。

戈八组委会听说有同学自发备战戈赛，觉得这支队伍师出无名，也不知他们的成绩如何，这样又何谈竞争优势呢？听到有队员喊宏达为队长，组委会不解：你们有什么权利选个队长？我们还没有任命，你们哪来的队长？

戈八 A 队内忧外困，队伍窘迫到凑不齐 10 个人。刘子良、陆宏达他们到处找人，但"无人可选"，所以"只要你决心跑，大家都欢迎"。他们看到来自台湾 EMBA 三期的学姐朱永宜，"眼前一亮"，她常年在台湾跑步，每天 10 公里，风雨不辍，是宝岛颇有人气的跑步达人。陈国强、孙继军随后也加入进来。有几名成员，过去是零基础，但一点点跑出了成绩，胖胖的华旸在戈八整个过程间减重了 12.5 公斤。

长江网球俱乐部的英偶后来也加入冲 A 队伍，起初，她觉得跑步太枯燥了，几乎是疯子和傻子的运动。网球需要场地、需要对手，有段时间，她找不到陪练的伙伴，偶然跑了几公里，于是大家不断鼓励，极力"忽悠"，邀她备战戈赛。英偶受宠若惊，但也有些纳闷："这群人怎么这么欢迎我呢？"

大家听说有位校友喜欢运动、练拳击，叫蔡永军，昵称大灰狼，于是飞到南京力邀这位拳击高手参加戈赛。几个男人轮流摸摸大灰狼身上的块状肌肉，啧啧赞叹，仿佛见到了宝。

信心凝聚人心。戈八前，中欧连胜 4 届，作为总赞助商，红牛的王睿也有些意兴阑珊。一次，陆宏达和长江院方聊组织马拉松的事儿，王睿也在场，她敏锐察觉到长江夺冠的可能，当即表示，红牛再投 3 年赞助，并热心地为备战戈八运来一批意大利的专业运动设备。

宏达特意买了 GPS、谷歌地球，天天趴在地图上，俯瞰研究戈壁的整体地形，包括方位、地貌、海拔，在软件上标记打点。他根据公开的资料，复盘戈七冠军中欧的行军路线，找到了中欧的漏洞：

> 戈七第一天，中欧三男三女的成绩值得推敲，第一名的女生减一小时后，比第六名的男生成绩快 28 分钟，这意味着第一天比赛，中欧浪费了 28 分钟，而且排名靠前的另外两位女生成绩也被大幅

度拉开，一个快了 12 分钟，一个快了 6 分钟，这 3 位女生的成绩均有浪费。第二天，第一名的女生跑崩了。比赛需要节奏感，戈壁有 4 天的赛时，不逞一天之勇。这样看，中欧战术有极大的漏洞。

戈八出现了手拉手陪跑，这个长江专利性戈壁战术，是宏达与英偶一起练出来的。戈赛中，男生和女生在一起比赛，但女生会减时一小时，如此女生的优势就很明显。一次，宏达在跑步机上跑步，间歇休息时，他把双臂搁在跑步机的扶手上，身体有了支撑，顿觉轻松。于是，他获得了启发，他找英偶一起训练，女生跑累了，可把一只手臂搭在男生手臂上，男生带动着她前进。为了效果最大化，两人一起迈中间脚，一起迈外侧脚。宏达测算，这样可以将女生的成绩提高 30%。

过去，戈赛中拖拉跑用的是绳子，参赛者把绳子拴在腰间，前后拖拉，简单直接；但不利之处在于，如果后面的戈友极度疲劳，前者在疾速奔跑，不知后面戈友的情况，后者不易挣脱，被强行拖拽之下安全堪忧。戈赛中曾有此先例，后来玄奘之路组委会禁止绳索拖拽。手拉手陪跑，易分易合，平行地陪跑，安全有了，速度也有了，但它的难点在两个人的磨合。两个人手臂相挽一起跑，远不如一个人跑得洒脱自由。两个人并肩齐进，难免手臂打滑劳累，"偏执狂"陆宏达甚至想，最好的方法是两人的肩膀用板子固定住，或者定制一款特定粘贴产品……

2013 年 1 月，惠州选拔赛，宏达带领第三小组，演练了全新的战术，顺利夺得第一。这个战术也是戈八夺冠的战术雏形。这个小组的成员，除了大灰狼后来成为 B 队队长，其他人先后全部进了戈八到戈十二的 A 队。

06

使命必达，引爆正能量

人，就是一个传导体，但大多时候，这个传导体都是有杂质和沉淀物的，负能量在其中郁结。这时，你是封闭的，没法通畅地传递正能量。如果你能不断清洁自己，影响周围几十、几百甚至成千上万的人，这个传导体就是一把小火炬，能触动别人去追求同样的事业。

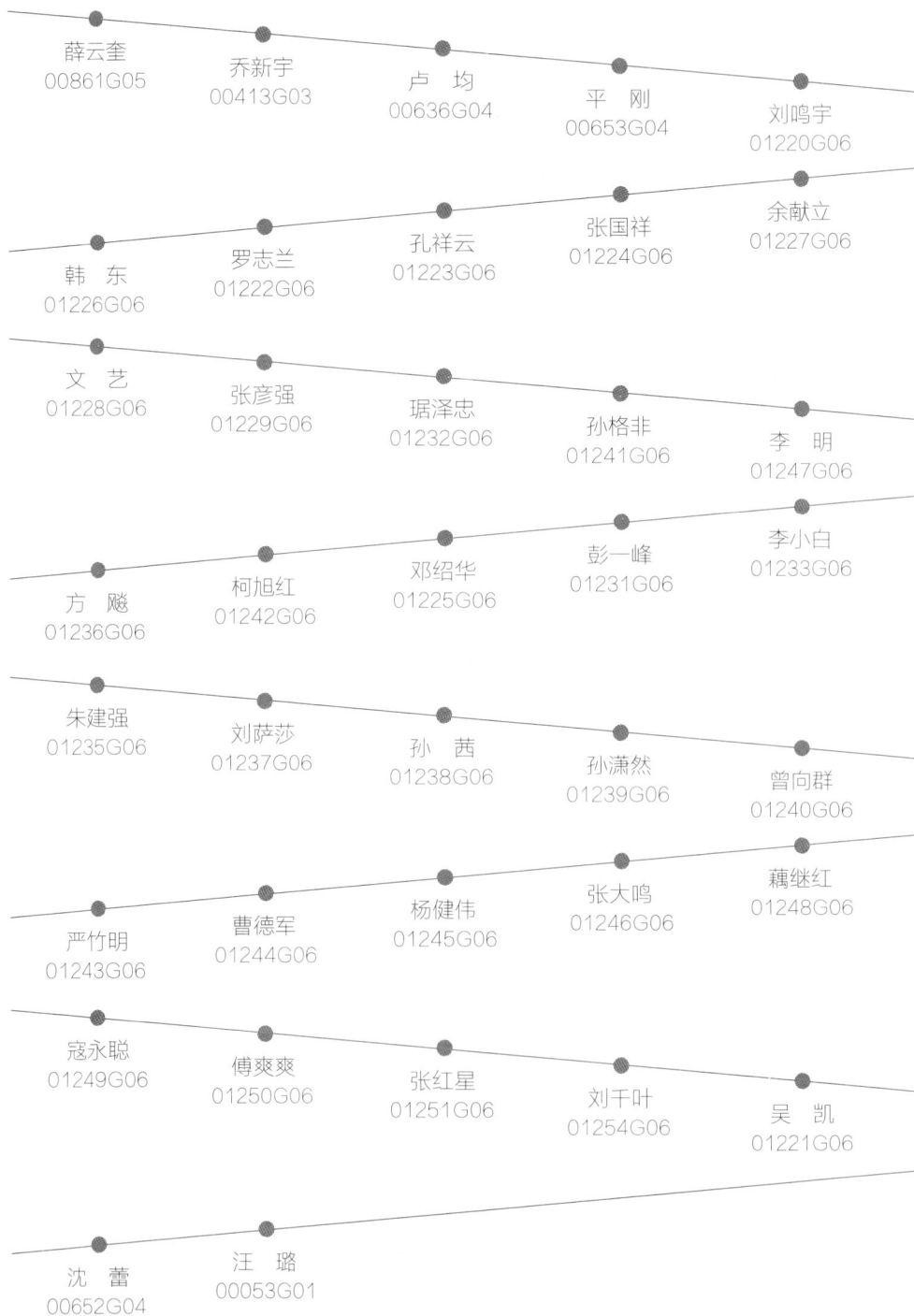

薛云奎
00861G05

乔新宇
00413G03

卢　均
00636G04

平　刚
00653G04

刘鸣宇
01220G06

韩　东
01226G06

罗志兰
01222G06

孔祥云
01223G06

张国祥
01224G06

余献立
01227G06

文　艺
01228G06

张彦强
01229G06

琚泽忠
01232G06

孙格非
01241G06

李　明
01247G06

方　飚
01236G06

柯旭红
01242G06

邓绍华
01225G06

彭一峰
01231G06

李小白
01233G06

朱建强
01235G06

刘萨莎
01237G06

孙　茜
01238G06

孙潇然
01239G06

曾向群
01240G06

严竹明
01243G06

曹德军
01244G06

杨健伟
01245G06

张大鸣
01246G06

藕继红
01248G06

寇永聪
01249G06

傅爽爽
01250G06

张红星
01251G06

刘千叶
01254G06

吴　凯
01221G06

沈　蕾
00652G04

汪　璐
00053G01

戈六正在进行中，孙格非吃力地跟在文艺身后，她缓慢地调整呼吸。远处群山绵延，她抬头看天，突然发现风停雨驻，满天竟都是朝霞，戈壁上的空气清新透彻，深深吸一口进肺里，血液里都透着舒适。

张国祥跟在格非身后，不断轻声提醒她：慢点，不急。国祥又接过她的水袋，格非顿觉一阵轻松。她身前是文艺，脚步轻盈，身材曼妙，格非盯着文艺的步伐，不知不觉中又跑了5公里。

文艺回过头来说："格非，什么都不要想，只要想着呼吸新鲜空气。"

这句话后来常常回响在格非的耳际，远处群山若隐若现，四面旷野寂寂无声，长江戈友列成一队在天地间奔跑。孔祥云在前带路，文艺和格非并肩，国祥背着3个水袋断后。大家步伐整齐，速度均匀，在到达8公里的时候，格非感到一阵莫名的轻松。她脚步轻盈，即便遇到砂石或土坡，也能轻易跨越，她的身体微微出汗，充满动力，似是刚刚开动的机器，有着无尽的潜能，抒发出速度带来的旋律。

后来，孙格非常常想起那个奇妙的上午，那个上午，她终于感觉到了由运动和速度带来的舒适和超越。身体是一台奇妙的机器，它在一定的时间、地点运转之后，找到了开关，就可以完美地完成你发送给它的指令，奔跑、呼吸、享受。

身体是事业的基础

"我从来没有想到，有一天会成为长跑爱好者。"孙格非回忆，冲 A 的那几个月，她不远千里赴上海、奔甘肃、跑三亚，每天挣扎在训练和休息的边缘，清明节和劳动节的小长假都奉献给了运动。这期间，格非不再顾及风吹日晒，不再顾及马上要到来的夏天与瘦身大计，补充大量的糖分和食盐。一切都是关于跑步，关于戈壁的一个梦想。

格非参加戈壁挑战赛，起初只是出于新奇和好胜心，后来慢慢把跑步当成使命，渐渐地养成习惯，开始发现自己，最后把跑步当成一种修行，从打造肌肉到锤炼心智，身体与大脑一样，听懂了跑者的期望。她说：

> 运动促使肌肉产生一种酶，令人心生欢喜。起初源于好奇和一点点好强，慢慢就变成一种对自己的挑战，肌肉变成有记忆的组织，开始习惯于自己给自己加码，从 3 公里变成 5 公里、6.5 公里、8 公里、10 公里。所谓的"征服自己"其实是一个美丽的说辞，事实不过是不愿意停下来，心肺功能已经习惯了一个新的速度，身体不过是受些皮肉之苦。慢慢地，数字不断变换，跑步终究成为一种修行。

孙格非说，参加戈赛，起初是为了挑战自己，慢慢却变成了发现自己，她不再跟自己较劲，而是找到跑步的节奏，让心灵和身体对话。

内心变得强悍，就没有什么东西能打败你

在一次宣讲中，柯旭红聊了一会儿戈赛，这击中了张晓英，她问："师姐，有关于戈赛的资料吗？"柯旭红于是送了她一本戈六的画册，这是晓英的戈赛启蒙读物。

戈七松花湖选拔赛中，晓英跑了第一名，她说："这件事情对我的触动特别大。我根本没有想要拿第一名，只是按照自己的节奏跑，结果却跑了第一名。"

她的司机老顾不理解她，老板又是订机票，又是订酒店，却只是为了跑个步。赛后，老顾问："老板，跑得怎么样？"

"第一名啊。"

老顾兴奋起来，好奇地问："有什么奖励啊，至少得有一台彩色电视机吧。"

晓英摇摇头，事实是什么奖品都没有，连张奖状都没有。

司机默然。

之后，平刚发短信给她，祝贺她跑了女子第一名，算是正式通知她入选戈七 A 队。

戈六的选手中有位女生叫罗志兰，跑完戈赛后，每年的跑量高达 1 000

公里。晓英不解，跑完戈赛了，为啥还要跑步？

张晓英的第一个马拉松，是宋明选陪伴她一同完成的，那是 2012 年的厦门马拉松。她说："我站在马拉松的起跑线上，无比感动，我是被自己感动的，似乎空气中都漂满了我的兴奋。天哪，曾经连投篮都投不进的小女生，现在居然可以站到马拉松的赛道上。当时，我还不知道能不能完赛，但结果是跟着宋明选完成了我的第一个全马，我觉得好自豪。"

自此，她每年的跑量高达 1 800 公里。跑步令她的人生变得纯粹与简单。她说："我学了 15 年心理学，就是为了处理好和自己的关系。我们大部分人处理不好和自己的关系，尤其是 35 岁以后，最难处理的就是这个。我不断寻找解药，后来发现，只有极简生活才是生活的真谛，所以这些年，我一直想把自己的人生修剪得更加简单。"

人，就是一个传导体。我们能做的，就是把自己清洁为一个最透明的传导体，只有如此，你才能吸引更多的能量，传递更多的能量。但大多时候，这个传导体都是有杂质和沉淀物的，负能量在其中郁结。这时，你是封闭的，没法通畅地传递正能量。如果你能不断清洁自己，影响周围几十、几百甚至成千上万的人，这个传导体就是一把小火炬，能触动别人去追求同样的事业。那么，触动来自哪里？来自坚定的内心，来自内心对理想和事业的最纯净的坚持。张晓英说："我们上戈壁就是为了寻找这种正能量。"

"我坚持跑步这么多年，觉得让自己的内心变得越强悍，就越没什么东西能打败你。你已经放下了外在喧嚣的东西，因为你走了一条相反的路。没去戈壁之前，你热衷的是名和利，去了戈壁之后，你开始走向内心自我的路。"现在，中国人在物质层面富有了，慢慢地，少数人已经开始从物质过渡到精神了。其实来戈壁的人都已经慢慢脱离了物质的束缚，开始往精神追求上转变，这些人都是幸运的。

2017 年，张晓英在英国的一家内观中心做了 10 天的义工，每天打扫厕所、拖地板。司机老顾又震惊了："老板，你跑到国外当阿姨啊！"

戈十三是张晓英第十次来到戈壁。她的先生说："你对戈壁绝对是真爱啊。"晓英笑答："全世界的美味，都比不上戈壁上的羊肉汤有滋味。"

07

十人成军，团队之力

戈赛选拔队员不是唯成绩论，队员之间的磨
合与信任很重要。如果不在一起训练，就很难让
别人了解你、信任你。每个队员都清楚，靠自己
单打独斗远远不够，要让小伙伴们拧成一根绳，
行动起来、坚持下来，才可能真正实现目标。

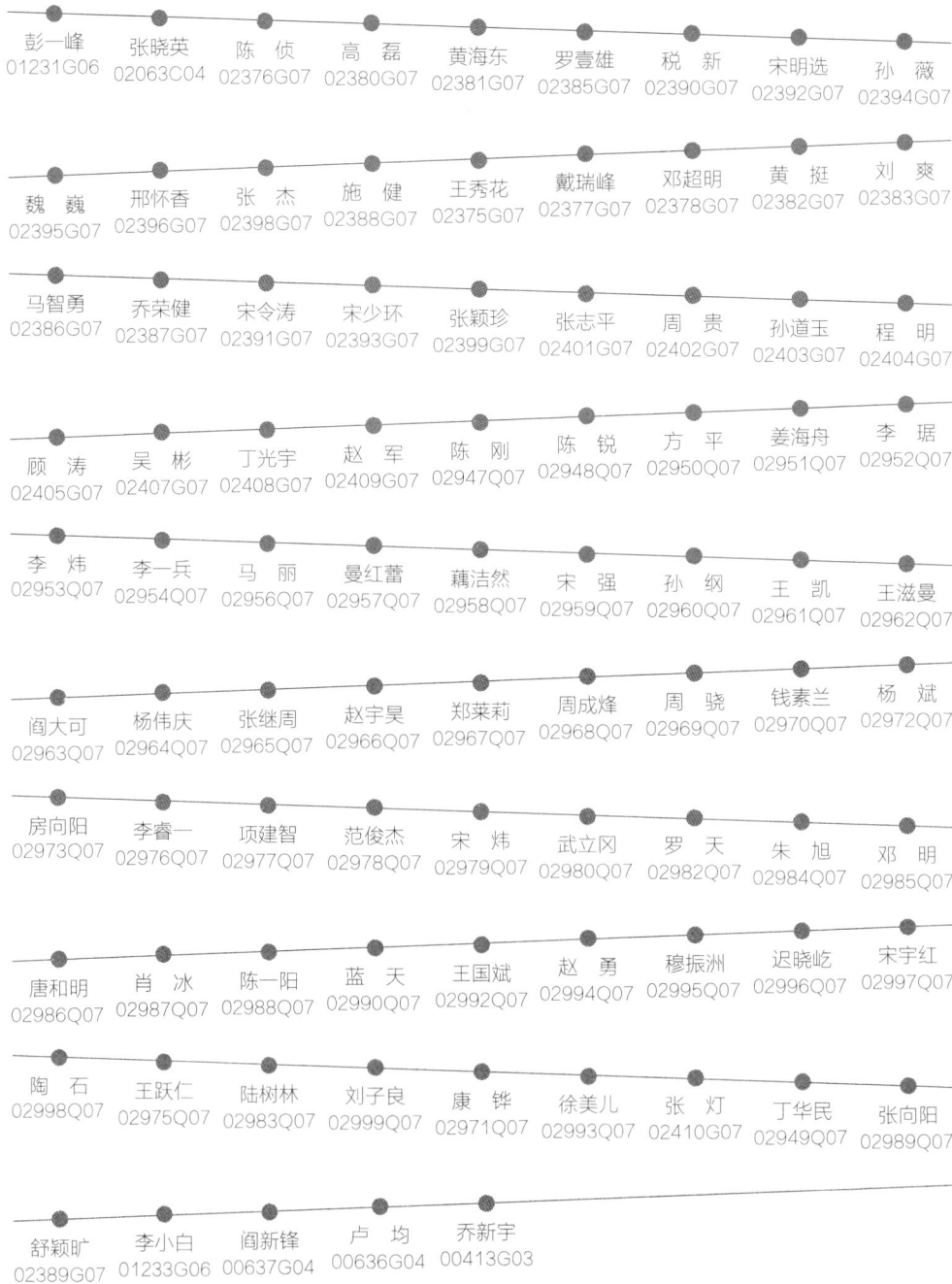

彭一峰 01231G06　张晓英 02063C04　陈侦 02376G07　高磊 02380G07　黄海东 02381G07　罗壹雄 02385G07　税新 02390G07　宋明选 02392G07　孙薇 02394G07

魏巍 02395G07　邢怀香 02396G07　张杰 02398G07　施健 02388G07　王秀花 02375G07　戴瑞峰 02377G07　邓超明 02378G07　黄挺 02382G07　刘爽 02383G07

马智勇 02386G07　乔荣健 02387G07　宋令涛 02391G07　宋少环 02393G07　张颖珍 02399G07　张志平 02401G07　周贵 02402G07　孙道玉 02403G07　程明 02404G07

顾涛 02405G07　吴彬 02407G07　丁光宇 02408G07　赵军 02409G07　陈刚 02947Q07　陈锐 02948Q07　方平 02950Q07　姜海舟 02951Q07　李琚 02952Q07

李炜 02953Q07　李一兵 02954Q07　马丽 02956Q07　曼红蕾 02957Q07　藕洁然 02958Q07　宋强 02959Q07　孙纲 02960Q07　王凯 02961Q07　王滋曼 02962Q07

阎大可 02963Q07　杨伟庆 02964Q07　张继周 02965Q07　赵宇昊 02966Q07　郑莱莉 02967Q07　周成烽 02968Q07　周骁 02969Q07　钱素兰 02970Q07　杨斌 02972Q07

房向阳 02973Q07　李睿一 02976Q07　项建智 02977Q07　范俊杰 02978Q07　宋炜 02979Q07　武立冈 02980Q07　罗天 02982Q07　朱旭 02984Q07　邓明 02985Q07

唐和明 02986Q07　肖冰 02987Q07　陈一阳 02988Q07　蓝天 02990Q07　王国斌 02992Q07　赵勇 02994Q07　穆振洲 02995Q07　迟晓屹 02996Q07　宋宇红 02997Q07

陶石 02998Q07　王跃仁 02975Q07　陆树林 02983Q07　刘子良 02999Q07　康铧 02971Q07　徐美儿 02993Q07　张灯 02410G07　丁华民 02949Q07　张向阳 02989Q07

舒颖旷 02389G07　李小白 01233G06　阎新锋 00637G04　卢均 00636G04　乔新宇 00413G03

戈七比赛当日，中欧戈友说，当大家站在起点的时候，中欧就已经是冠军了，长江连啤酒肚都能上戈壁，怎么可能得冠军？戈七的长江是支弱旅，从未被看好。开赛前，一些老戈对成绩的预期是"保五争四"。但第一天比赛结束时，中欧被吓到了，因为长江只差他们5分钟。

戈七的3天比赛日无论是对赛场上的A队队员，还是其他到场的长江戈友，都是一次终身难忘的洗礼。3天时间，长江戈友拼尽了全力，硬是把一支二流队伍带上了领奖台。张晓英始终记得，负责拖带小薇的邢怀香第一天中暑拉肚子，第二天开始发烧，他打着点滴来到帐篷里，信誓旦旦地说："老子明天爬也要爬到终点。"张晓英顿感悲壮，她和小薇（孙薇）抱着邢怀香哭了。第三天，宋明选负责拖带张晓英和小薇冲刺最后5公里，张晓英说："明选挺着小肚子，拖着我们俩跑到了终点，那个画面真的很感人。过了这么多年，每次想到这个，我都有点想掉眼泪。"

什么是戈壁给戈友的洗礼？或许是在起点时的相互鼓劲，或许是在终点时的相拥而泣。在戈壁上，人与人的关系很纯粹，可以是在孤单中投来的一个关心的眼神，在一筹莫展、束手无措之时的一声呼喊，在过铁丝网时一只相扶的手，在大风大雨中一个宽厚、温暖的背影……

我愿意把命交给你

2017 年 10 月的白沟选拔赛是一次老戈欢乐回归的派对，主持人曾花问各届戈赛的 A 队代表，每一届都有哪些史无前例的事情？

说到戈八，大家想到了很多。戈八开创了诸多第一，建立训练营即是其中之一。戈八 A 队的戈友们认为，夺冠必须要有群众基础，就像巴西足球队，民间球迷千千万，这庞大的后备队伍提供了可挑选的种子，才会诞生绿茵巨星。反观中国足球队，只是依赖一小群足球精英，与民间力量割裂开来，进展缓慢。只有拥有广泛的群众基础，才会有人进 A 队，有人在 B 队；有人奔跑，有人鼓掌，有人捐款，这样的活动才会蓬勃发展。

戈八发明的十人两列、一个步伐一个节奏的跑法，在戈壁上优势多多。例如：如果华旸在外，宏达在内，侧风来袭时，两个人就肩膀相靠，中间腿并拢，与两条外侧腿形成三角平衡态势，华旸为宏达挡了风，宏达为华旸卸了风力，抗风效果非常好。在自行车比赛中也有类似的战术，前头的先锋队员叫"破风手"，他迎风而上，后面的队员顺势跟进。十个人一起跑，互相拖拉，互相观察，比用绳子拖拉效率高、秩序好。

一群人互相拖拉着跑步非常讲究节奏感，如果各跑各的，脚步就会很凌乱，彼此会相互影响；如果节奏一致，"嗒、嗒、嗒"地形成共振效应，在队友旁边前进时，仿佛对方带动着自己一起跑步。戈八训练中要求练习跑步节奏感，起初有戈友表示不服。朱朱（朱永宜）擅长跑公路马拉松，习惯贴地蹭着路面跑，一旦到了坑坑洼洼的戈壁，容易绊倒摔跤。她用的还是小碎步，与其他戈友步伐不同，总是跑不到一块儿去，这让她很郁闷。回到台湾后，朱朱一个人跑步时，心中默念"1、2，1、2"，边念边跑，调整自己的节奏。等她回来与戈友合练时，就和大家踩到了一个点儿上。

陆宏达说，不要为了公平而公平。这句话要揉开了掰碎了去理解，选拔 A 队成员也不是百分之百成绩决定论。选拔赛中，大家各跑各的，谁跑得快，谁进 A 队。公平吧？很公平。但戈壁越野不是个人秀，而是团队赛。在戈赛中，女生可以接受拖带，但找哪个男生拖带就有讲究了。戈赛十人成军，每天取十名中第六名的成绩，每天的第六名成绩相加，才是最终的比赛成绩，所以不能单纯地选择十个跑步速度最快的队员。陆宏达说："我是奔着冠军去的，不是为了公平去的，以冠军为目标才是真正的公平，否则会落下很多不公平。"戈赛就像打仗，在战场上冲锋不是打仗的全部，刺探情报、筑路架桥、后勤保障、筹资驰援，这些都是打仗的一部分。

戈八 A 队选第十位队员时，备选戈友有程洋湜和上海的一位戈友，程洋湜的跑步速度与上海戈友相仿，但他身材高大，便于拖拉女生，宏达就挑选了程洋湜。如果男生的跑步速度进不了前三，就可以在后面负责拖带女生，此时，跑步速度就不是挑选 A 队队员的核心因素了。"这关于组合，而不是跑步速度。在做选择的时候，一定会引发争议，'我跑得快，凭什么用他不用我'，对方一句话就可以噎住你。"陆宏达说。

"

**戈赛就像打仗，
在战场上冲锋不是打仗的全部，
刺探情报、筑路架桥、后勤保障、筹资驰援，
这些都是打仗的一部分。**

"

戈赛选拔队员不是唯成绩论，队员之间的磨合与信任很重要。如果不在一起训练，就很难让别人了解你、信任你。相反的情况下，"如果你跑不动了，我会愿意伸一只手来拉你，甚至愿意把命交给你"。

宏达是戈赛的"精算师"，时时刻刻控制着节奏，在他的计算之下，戈八、戈九每个比赛日结束，后队减时后，比前队就快一分钟。戈八长江的单兵作战能力并不如中欧，但妙在借用了田忌赛马的道理。宏达通过拖拉战术，把力气借给继军，赢了中欧的 3 名前队队员。戈八正赛中，前队是陆宏达、华旸、孙继军，后队是三男带四女。第一天，宏达、华旸把体力

匀给继军，把继军的成绩拉了上去；第二天，后队换前队；第三天，前后再交换。每天根据比赛情况，随时变化战术和队员。正赛 3 天后，第六名恰好是宏达，他的成绩也是戈赛的最佳成绩。

手拉手并肩跑在戈八中是个大杀器，一旦近处有其他商学院的队员，长江戈友就会暂时散开，直到长江赢得冠军，这个战术依然是秘密。

宏达一直担心长江在戈八中的拖带战术会被其他商学院模仿，但实际上根本无人跟进。打造一支队伍是很难的，因为很少有人愿意放弃自己熟悉的节奏，去和队友一起艰辛磨合，这不如绳拖简便，绳拖不用练习，直接可上场使用。戈八前，为了演练这套战术，长江亦是付出了极大的心力和体力。有一次拉练时，宏达找不着继军和华旸，不久之后，瞅见他俩在休息，宏达的坏脾气马上冒了出来，开口吼道："我们已经练了 90% 了，再练 10% 就能拿冠军了，不练这 10%，以前的努力就全部白练了。现在放弃，从产出率来看是最差的选择。"

宏达与戈友们一直坚持，直到戈壁体验日，也就是戈八正赛的前一天，才做到了十个人一个步伐一个节奏，"十人军团"才算锻造完成。宏达说："练成这个很不易，一来大家一开始理念不同，觉得没这个必要，各跑各的才奔放自由；二来，这个练起来又太苦。"后来，即使长江戈八的人肉拖带战术公布于江湖，虽然大家心知肚明这套打法高效，但其他商学院也无人演练。这就是真正的竞争门槛：即使你看到了我所有的核心机密，但你也学不来。

这个战术延续到了戈九中。戈九正赛第一天，遇到 9 级大风，赛事组委会差点取消比赛，这是戈壁挑战赛历史上最大的一次沙尘暴。宏达组织 A 队，子良护佑 B 队，在恶劣天气中保持队形前进，长江戈九 A 队的后队

8人手挽手、肩靠肩，齐刷刷的队形像一支军队，他们在狂沙中出现时，有旁观者震撼其阵容，拍了照片。由此，长江这个秘密战术才开始流传在戈壁的江湖中。

正赛第二天，宏达在场外领跑，遇到志愿者，他们认识这位戈壁上的传奇一哥，兴奋地大声喊："长江的队伍快来了，大家准备好相机。"

冠亚之争，比的是谁失误少

戈四到戈七，中欧四联冠，他们穿土黄色服装，戴前后有帘的遮阳帽，其他商学院纷纷效仿。陆宏达觉得不对，他是玩户外的，自2005年起，每年都会进藏，户外经验丰富。户外运动最重要的是安全保障，所以着装须鲜艳，一旦出事，便于救援人员搜索目标。长江戈八Ａ队队员华旸很细心，发现比赛路线是从东南方向西北方跑，最后一天才朝正北方跑，每天早晨出发得很早，太阳还在众人的后面，所以没必要遮住前面的脸；如果遮挡前方，既影响视线，又不易散热，所以没必要戴"鬼子帽"。长江戈八Ａ队最后只戴了有后帘的帽子。

成败在策略，也在细节。戈九正赛日中，宏达想随时了解竞争院校的行军速度，但他无人可用，只有一个随队医生和一个影像师。于是，宏达令他们刺探情报，经过第一个补给站时，影像师留下，报告其他院校的抵达时间，尤其是中欧商学院、厦门大学管理学院、上海高级金融学院这几支劲旅。赛道上有一座截山庙，山前山后的对讲机信号没法相互传播，宏达一度想在截山庙架一根接收线，但被赛事组委会禁止了。他还一度想借来酒泉发射站的信号车，也被赛事组委会喝令撤下了，最后退而求其次，他请队医拿着对讲机，站在山顶，权当作人肉信号塔，用来传递赛情。

宏达还发现赛道上有两个补给站，经过第一个补给站时，队员们习惯摘下水袋灌水。宏达观察后得出结论，无须摘下水袋，也无须灌满水，酌情加满水杯即可，这足够队员奔跑到第二个补给站了。到了第二个补给站，不妨从容一点，一定将水袋灌满，因为过了这个村就没有这个店了，在戈壁上，没有水是会死人的。又如打卡，3名戈友打卡时，慢的戈友可先去打卡，从而避免拥堵，做到打卡有序，还可匀出一点时间来休整。

赛道中，出山口有条近道可走。戈九正赛第一天，经过出山口时，长江前队3人故意分开，抛了烟雾弹。华旸按照老路进发，希望吸引中欧跟随，宏达、继军加速，希望摆脱中欧戈友的视线，从而抄近道。不料，中欧戈友不看华旸一眼，直接追着宏达而去，宏达心里嘀咕一声：真是碟中谍啊，原来中欧也知道这条秘密近道。

比赛正酣，长江戈友鲍静云却夜里发起高烧，正赛第二天，静云带病冲锋。长江前队上了4个男生，后队则是程洋湜带3个女生，其余两个戈友休整，在戈壁上慢慢走，保存实力，随时替补。第一天，长江赢了，所以第二天，长江戈友穿着红色的鲜艳领旗衫率先出发。到了一个岔口，长江前队4名男生与中欧5名队员短兵相接，相距不过3米，也就是前后脚的距离，晚出发一分钟的中欧竟然跑到了长江前面。跑步时，起初最好慢一些、缓一些，调整心率后再冲刺。晚出发的中欧冲到了前面，可见其一入赛道就提高了配速。"我相信他们的心率比我们更乱"，高手过招，一则有勇，二则有谋，宏达想故意打乱对方的节奏，所以也提高配速，准备快速超越中欧。中欧采取一字长蛇阵的队形，宏达4人步调一致，逐个超越中欧五名队员，挫了对手的锐气。后来，中欧的戈友大度地赞叹对手："你们长江的戈友就像坦克一样从旁边轧了过来。"

由于跑得急，刘子良的腿抽筋了，停下来拉伸，陈国强看见后面似有人影，疑有追兵，大喝一声："中欧的人跟上来了！"子良听了打了个激灵，如有神助，身体弹射一般，冲刺向前。众人趟过骆驼刺，走过烽火台，来到一马平川的黑戈壁，往后一看，根本没有中欧追兵。前队4个人都有成绩，后队是程洋湜断后，一人拖拉3个女生，这样长江最后会有7个人都有成绩，宏达决定减掉一个。他通过对讲机喊话，让一直发烧的静云休息，程洋湜带朱朱和朱小丹即可，如此也降低了程洋湜的拖拉难度。

跑到焦灼处，宏达左边拉着华旸，右边拉着子良，左边的水瓶给华旸喝，右边的水袋递给子良；再一手拿着GPS辨方向，另一个手腕抬起，查看手表调整配速。到了最后，宏达也失误了，戈壁上容易产生幻影，他判断前方就是终点，其实那只是风力发电站投射的虚影。到了中午，太阳直射，他双臂左右带动过程中，碰到了GPS的比例尺，本来是1∶150，误碰后变成了1∶400。他们以为自己跑的路线与比赛路线平行，但其实已经发生偏差，多跑了500米左右。

冠亚军之争，比的是谁失误少。大家的实力相仿，谁失误少谁得冠军。

走过茫茫戈壁，都是姐妹兄弟

对戈九A队队员姚军梅来说，去戈壁，是一种主动赋能。这种赋能是双重的，一是自我赋能，二是团队赋能。她说："每个人的成长都会经历这样一个寻寻觅觅的过程，所谓 100 个人眼里有 100 个戈壁，每个人对自己的需求不同，突破自己认知的障碍也不同，那么去戈壁的感悟更会不一样。这就有了 100 个不同的戈壁模样。"

人在茫茫戈壁中，内心会沉静下来，这是一个自我修复、自我沉淀的过程。跑步很孤独，在这个孤独的过程中，我们得以安静地面对自己。生活中，当姚军梅遇到难题无计可施时，就会选择去跑步，给自己更多的时间去独处。跑了 10 公里、20 公里后，很多问题便在心里有了答案。目前来看，她还没有 30 公里以内解决不了的问题，这便是自我赋能。

戈九长江能够漂亮夺冠，团队的力量至关重要。每个队员都清楚，靠自己单打独斗远远不够，要让小伙伴们拧成一股绳，行动起来、坚持下来，才可能真正实现目标。当然，这是一个很痛苦的过程，但是每个人也会收获人性之间真实、纯真的脉脉温情。除了戈壁给自己的赋能之外，团队同样给予了戈友们巨大的力量。这就是团队赋能。

袁皓曾经说过："跑步很孤独，但我很喜欢这种感觉。"但孤独过后，当落寞如潮水一般涌来时，每个人还是需要别人的陪伴。当军梅在戈壁上穿着红马甲的时候，身为一个长江人，军梅很骄傲。戈壁尊敬强者，而长江戈友就是强者。

走过戈壁的人经常会听到一句话：走过茫茫戈壁，都是姐妹兄弟。在戈壁，陌生人会给你帮助，给你加油，这种无处不在的关爱和善意让人觉得人心是如此美好。我们每个人都有对这种温情的向往。戈九回来后，军梅说过："从此以后我觉得，我是有人陪伴的，无论是陌生人还是熟人，这些人都能让我感到温度，让我未来的路走得更踏实、更笃实。"

从戈壁回来的人都会有一个举动，老戈友见了面会进行热情地拥抱，这种现象的背后是戈壁上大家结下的情谊。每一个去过的人都会明白在那里经历了什么，当别人帮助你的时候，你会觉得很温暖；而拥抱，可能是最能体现温暖的行为，善举的背后是我们每个人内心的渴望和需求。

08

坚持本身就是意义

坚持不需要意义，因为坚持本身就是种意义。在这个过程中，酸甜苦辣都促成了我们的人生。我们一起走人生这条不容易走的路，一起去见证人生到底还有多少可能性。选定了方向，就应该一如既往地走下去，不容易走的路上，才会有更美的风景。

戈八英雄榜

税 新
02390G07

陆树林
02983Q07

彭一峰
01231G06

陆宏达
04349G08

刘子良
02999Q07

孙继军
04359G08

华 旸
04346G08

陈国强
04371G08

程洋湜
04372G08

朱永宜
04360G08

朱小丹
04358G08

王英偶
04356G08

鲍静云
04357G08

徐美儿
02993Q07

高林涛
04368G08

王玉荣
04337G08

石一龙
04336G08

姚 骏
04339G08

宋明选
02392G07

施 健
02388G07

阎新锋
00637G04

张晓英
02063C04

李 宁
04342G08

王海航
04345G08

RANDOLPH YU
04347G08

林红兵`
04348G08

赵志成
04350G08

梁 蓉
04370G08

王尔国
04353G08

崔志强
04341G08

兰 天
04355G08

CAI SUIRONG
04361G08

王 浩
04364G08

陈锡强
04367G08

张士忠
04726Q08

华 帆
04344G08

沈勇坚
04374G08

郑 毅
04730Q08

李从文
04784Q08

钟蝉鸿
04820Q08

胡 静
05337C07

严伟峰
04354G08

武楗棠
04744Q08

雷贤英
04755Q08

陈 江
04818Q08

王正军
04797Q08

郭慧敏
04795Q08

陈 超
04681Q08

冯 平
04802Q08

李小白
01233G06

卢 均
00636G04

乔新宇
00413G03

孙 薇
02394G07

乔新宇有个心愿，那就是四个人同时撞线拿第一，这样的经历一定可以铭记终身。戈三时，他率先抵达终点，其余三名队友还剩下一公里的赛程，赛事组委会的工作人员督促乔新宇赶紧撞线，怕迟了影响名次，可他不为所动，坚持等到三位队友跑来，一起撞线。赛后，大家说他太痴，可乔新宇不后悔，和队友一起撞线是他最美好的回忆之一。

戈四，上届冠军长江先出发，用的是三四三的队形。中欧把规则研究得很透，采用一加六的阵型，六人冲锋，一人殿后。赛道前横亘着一道长长的铁丝网，长江前队三名队员，互相拉扯着，费劲地翻越铁丝网。他们回头一看，中欧的一名戈友随后将至，长江的戈友觉得掉头直走，不近人情、不够意思，茫茫戈壁，四周只有四个人，不如搭把手，帮助这名中欧戈友翻越铁丝网。时隔多年，阎新锋与这位中欧戈友在深圳偶遇，把酒言欢之际，还回忆起了这段往事。

但是在戈十中，饶南探路时晕倒了，随后赶到的中欧戈友却选择了继续往前跑。赛后，这件事引发了很大的争议。作为当事人，饶南想："玄奘之路好像因为我这件事变味了，此事因我而起，也应该由我结束，改变这件事情的风向。"2015 年 7 月初，饶南主动约了中欧当时那位戈友，两人在北京见面，敞开心扉聊了 4 个小时。7 月 7 日，饶南在朋友圈发了一张照片，他的胳膊轻松地搭在中欧戈友的肩上，两家院校的兄弟面露释然的微笑。在朋友圈，饶南叩问：

> 到底我们为什么奔跑？什么对我们才真的重要？我们是在和谁竞技？玄奘之路的真义是什么？中欧和长江是否可以放下过去，与所有院校一起并肩面向未来？

人生最怕的是摇摆不定和不断选择

"在北京这样的超级大都市里，人们越来越忙碌，幸福感却越来越少。为什么会这样？"仰望满天繁星，回到戈壁的帐篷里，戈九 A 队队员、央视主持人张晓楠不禁如此自问。

在戈壁，到了营地就是搭帐篷，没办法洗脸，不能刷牙，每天都吃大锅饭。这时，你会想："原来，我们需要的可以这么少，没有电、没有网络、手机没有信号，这些似乎并不影响正常的奔跑，甚至我们可以活得更好。"

但戈友们需要的又是那么多，在戈壁上，如果一个人独行，就会非常危险，随时可能迷路，补给短缺，遇到高温、大风、沙尘暴等无常的天气……戈友们需要同伴，需要在大自然里彼此取暖，需要一个铁打的团队。

同时，人活一世，需要留下印记，"我们需要留下生命的印记，只有不容易走的路，少有人走的路才会留下印记"。乔布斯说过："make a dent in the universe。"直译就是，愿意在茫茫宇宙中留下印记，但这句话传到中国后，却被夸张地翻译为：活着就是为了改变世界。

张晓楠以前从不运动，2013 年因意外粉碎性骨折，卧床养病导致肌肉萎缩，医生建议她做适当的运动。在 5 个月内，晓楠从零基础锻炼到跑下了第一个马拉松。她说："人就是要有那么一个信念和目标，这样你就不会放弃，如果没有，则很容易就会放弃了。"人生总会有那样的时刻，别人觉得你做不到，你也不确定自己是否可以，但是偏偏发了心，傻傻地坚持，最终你做到了。这种感觉，一辈子总要体验一次吧。

2014 年 12 月 2 日，晓楠和央视的《新闻调查》团队到蓬莱出差，白天采访，晚上开会讨论，散会已到夜阑，但当天的跑步计划还没完成，所以她去寂静的海边跑了 8 公里。寒风刺骨，左侧是黑黢黢的大海，右侧是暗黄的夜灯，四顾无人，她有些忐忑说："我想我只有跑得最快，坏人才追不上我，就这样跑了 8 公里才回到宾馆休息，当时确实挺傻的。"

晓楠说，人生最怕的是摇摆不定和不断选择。总有人说选择比努力更重要，但晓楠的选择是选择更加努力。选定了方向，就应该一如既往地走下去，不容易走的路上，才会有更美的风景。

常常有朋友问她，坚持跑步的意义是什么？她说："坚持不需要意义，因为坚持本身就是种意义。在这个过程中，酸甜苦辣都促成了我们的人生。我们一起走人生这条不容易走的路，一起去见证人生到底还有多少可能性。"

张晓楠见证了戈十的热血，长江在戈十虽然发生了意外，但也完成了逆袭。"既然无法完美，那就创造最佳版本。"晓楠说。在整个过程中，全力以赴力求完美，但结果是否完美存在很多变数，不必有执念。

坚持的意义，丢不了的戈友情

许多戈友羡慕戈九的队伍，特别是六条汉子之间的情谊。

戈九早期的几位男选手几乎都是从零起步。衷存皇参加戈八的回归仪式后，受到戈赛冠军精神的激励，在上海的滨江接力赛崭露头角，成为戈九的早期种子对手。刘力冲 A 时已过不惑之年，王华锋是跑步新手，王学军只能勉强在世纪公园跑 5 公里。

存皇说："那时候我们在卢湾体育场训练，教练会要求我们绑个沙袋跑，还有一走一跳那种间歇跑。当时教练讲了一句很经典的话：'卢湾体育场人很多，你们就把所有在赛道上的人当作对手，想着怎么超越他们。'我跟康凯两个人经常是绑着沙袋训练，彼此看着对方的进步，一起忍受着同样的伤痛，我们的情谊很快就积累起来。

"我们的情谊是跑出来的，而且每一场选拔赛我们都是真干。这里有一点很重要，那就是我们能够理解彼此，而且能成就彼此，能给彼此赋能，这种赋能其实是相互之间的一种理解。在战斗中我们的感情不断升温，平时的训练、比赛中，我们虽然有竞争，但这种竞争始终都不是个人想单独脱颖而出，更多地是想提升整个队伍的水平。一个队伍的整体水平提升了，大家的成绩也就自然而然地一起上去了。"

陈科利一个人在苏州，每天晚上绕着金鸡湖夜跑。马春美在北京，绕着国家体育总局的操场苦练。"春美骨子里有股韧劲",她从第一赛道跑到第七赛道,然后从第七赛道跑回第一赛道,同样的赛道都跑上几圈,最后算出总距离。

2014年3月,存皇和队友自发探路。王学军跑完第一天发高烧,回来打点滴,第二天依然坚持要跑。他说,既然来了,他就希望为这个队伍做得更多,希望能够把该了解的东西全部了解透。

戈九的理念更多的就是如何成就对方,包括后来每天的跑法也是尽可能让每个人都有成绩。戈九的每一个队员都能冲前队,所以存皇希望每个人尽可能都有成绩,但王华锋是例外。

王华锋是戈九A队中的一匹黑马,他起初成绩平平,到了深圳选拔赛,却迅速飙升。他是户外达人,对越野、对方向的感觉都很灵敏,优于他人。终极选拔前,华锋在澳洲训练过猛,回国后,双脚疼得不能沾地。即使是如此,华锋还是咬着牙,凭借强大的意志力参加了终极选拔,并顺利晋级。在正赛中,华锋为这支队伍做出牺牲,他是唯一3天都没有成绩的队员。因为,戈九正赛第一天遭遇沙尘暴,华锋在25公里处,为存皇和袁皓挡风导航,后又返回后队拖带女生。第二天、第三天,他都是在后队任劳任怨、舍己助人。

刘力是EMBA二十二期同学,是队伍中的大哥,大家都叫他力哥。他和学军在后队,是整个队伍的定心丸。马春美说:"戈九一直是一支蛮亲密的队伍,到现在我们也很亲密,在群里什么都说,连特别丢人的事也会说。这些糗事和私事,哪怕跟自己的亲人都没有说那么透。我有3个哥哥,我们的感情也很好,但他们与我的生活交集不多,在戈友之间,我们有共同的经历、共同的生活圈子，更容易交流。"

　　长江在戈九中完胜，第一天高出 20 多分，第二天胜出 5 分，第三天也赢得很从容。戈九的队员认为，存皇、学军付出很多，学军前两天断后，但大家一直希望队长、政委能一起冲到终点，接受长江同学的祝福。第一天、第二天，存皇从后队追到前队，两天的成绩叠加，存皇比袁皓慢了 5 分钟。

　　第三天跑至 18 公里处，袁皓突然说他脚受伤无法继续跑，存皇知己知彼，明白皓子（袁皓的昵称）的让贤心思，于是他也停下来，说："皓子，你如果不跑，我会内疚一辈子的。"说罢，两个男人都哭了。学军急了，大声喊："你们要干嘛，还要这个冠军吗？"学军推着两个男人往前冲。离终点 500 米时，皓子突然掉头，坚决不跑了。

　　存皇犹豫，学军一把拽住他的胳膊，推着他前进："你必须跑，这是所有兄弟姐妹的心意。"就这样，存皇含泪冲过了终点。

　　组委会拍摄到，袁皓是看着表走到终点的，那一天他故意迟了 10 分钟，这样存皇就是戈九个人成绩第一了。存皇说："其实是没有个人排名这一说的，但他就希望给我一个个人排名。"

　　存皇是个感性的暖男，他找不到躲在一边的袁皓，就在对讲机里哭着喊："袁皓、袁皓，你在哪里？"

　　当时，陆宏达陪跑陈超，听到对讲机里的哭声，大吃一惊，怒喝道："哭什么哭，你给我跑，这还在比赛呢！"

宏达不明赛情，担心袁皓出了意外，如果一人有失，成绩就会作废，全盘皆输。情急之下，"不解风情"的宏达开口就骂。到今天，他也依然坚持，赛场就是战场，哥儿们情义重要，但也要分时候。

康凯，昵称瓶子哥，他是戈九的智者，他说："戈九第三天比赛的谦让之举，我相信肯定是戈壁挑战赛史上前无古人后无来者的情况。临近终点的时候，学军、皓子停在赛道上不愿意冲线，就是为了让存皇第一个去冲线。戈九本身就具备这一特质，这些戈友心里想的不是自己的荣誉，而是队友和团队的荣誉。"

回顾戈九之前，众戈友从未怀疑过长江将是冠军，这种自信源自队员本身的实力。大家在比赛的过程中全力以赴，每天清零，杜绝任何失误。每个人都做到了极致，而且在这个队伍里，每个人都有贡献之心。

一起在戈赛上奔跑过的人，感情都很深。戈九 A 队的刘力还没走出戈壁呢，冠军奖牌就丢了，他心有缺憾，因为曾许诺儿子自己会载誉而归，不料却找不到奖牌了。回到家后，他忽然发现背包里有一枚冠军奖牌，他知道自己的奖牌落在戈壁了，这枚奖牌必是一位队友悄悄放进他背包的。刘力记得从戈壁离开上大巴车时，有队友撞了一下他的包，他大概能猜出是哪位戈友的暖心之举。此时，马春美打来电话，有些歉意地说："力哥，你的奖牌在我包里，我竟然多拿了一块奖牌，我赶紧给你邮寄过去。"

刘力释然一笑，他说，自己的奖牌真的丢了，大家不必善意地转赠奖牌，队友们的心意他心领了。有一种奖牌永远丢不了，那就是藏在心里最深处的那枚冠军奖牌，它叫"戈友情"。什么时候这个情谊没了，戈赛才是真正丢掉了魂。

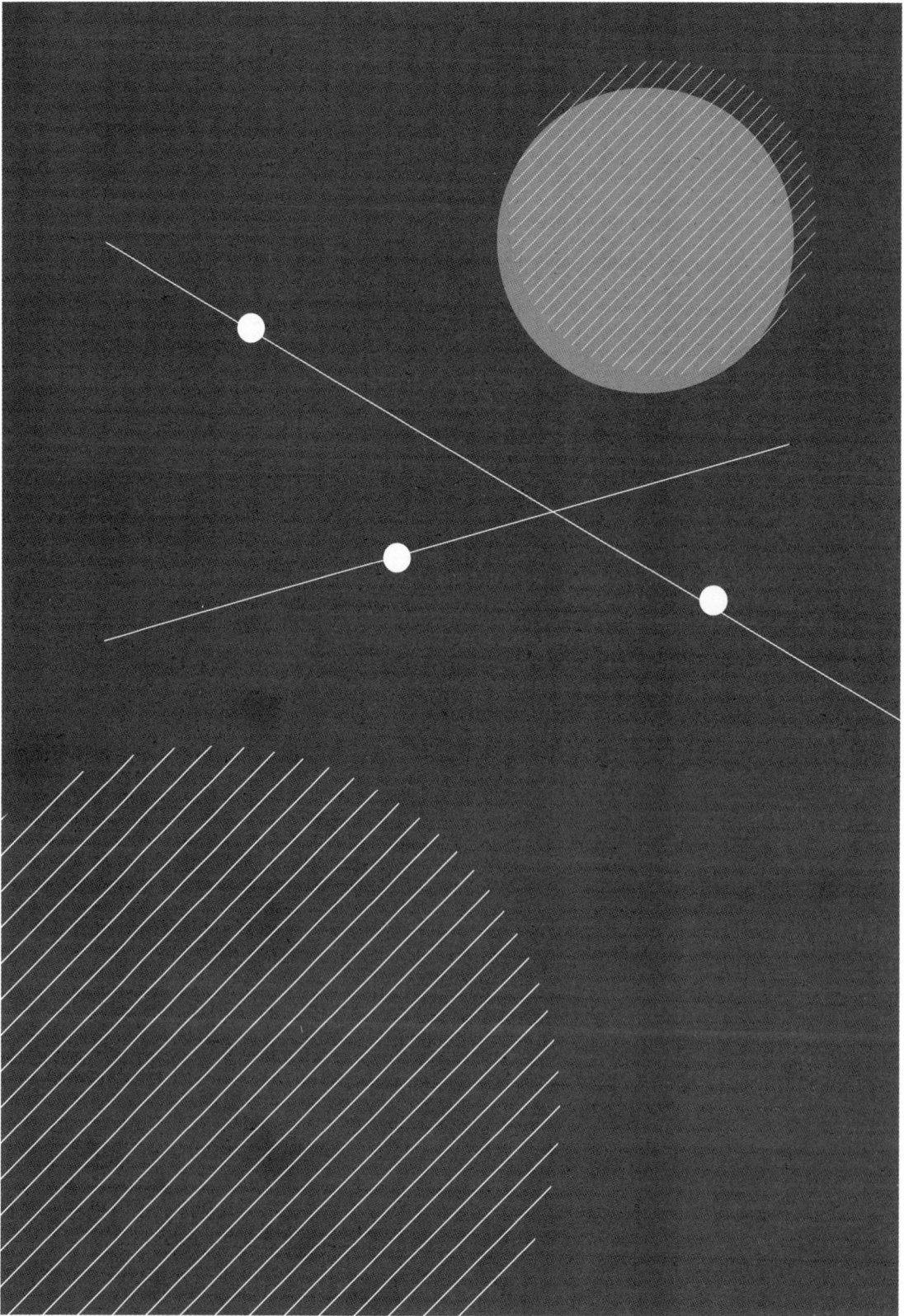

第三部分

逆境中的大突破

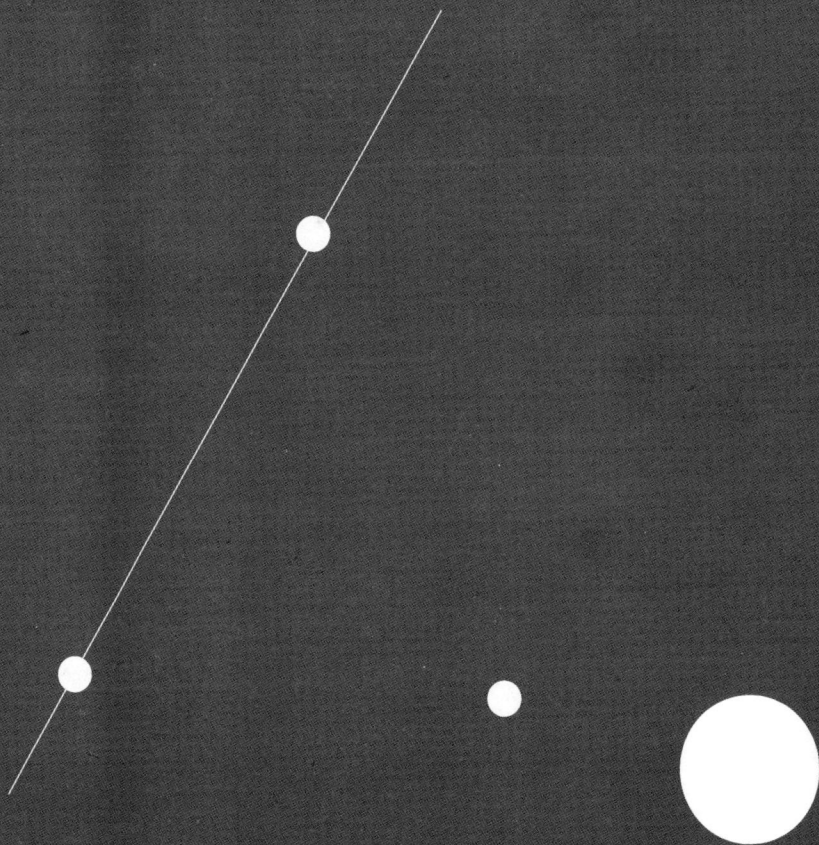

地球人都知道，长江人热衷于走戈壁。长江人走戈壁的经历对他们做人、做企业有重要的帮助和启迪。可是，长江人为什么走戈壁，从中究竟得到了什么？没人能给出一个大家都认同的答案。一年一度的戈壁挑战赛对于长江人的魅力正在于此。

我本人参加了三次，三次的行程不同、天气不同、气氛不同，得到的感受也大不相同。也许有人在出发前就设计了一个清楚的目标，可是这种人往往在事后失望，无论这个目标实现与否。只有敢于开始、享受过程的人，才是满足、快乐的，无论结果如何。

走戈壁和创业的共同之处在于：面对各种变数和不可预计的未来，谁知道自己的努力会得到什么？但是可以预计的是，只要敢于开始，就会开启一段有价值的旅程。

在戈壁的路上，如果不是有伙伴同行，有多少人会半途而废？起码在我自己的经历中，三次中的两次有过强烈的放弃的念头。尤其是在2016年走B队的途中，这样的念头在4天中的每天都出现过。做企业何尝不是如此？没有团队、没有朋友、没有家人、没有同伴，你确定能坚持，能成功？我不相信。无论是成功了，还是暂时没有成功，都感恩你的同伴，感恩你的合伙人吧！据说，大雁结队同行完成的里程，可以比单飞增加70%。难道人还不如大雁聪明？

在大漠中前行，危机四伏。狂风暴雨、飞沙走石、烈日曝晒、伤病痛苦、委屈郁闷、心理崩溃，随时都会发生。作为企业的领导者，你何尝不是如此？危机和考验检验人们的内功和定力。这时，进取心固然重要，但是勇于承认和反思自己的不足、抱团取暖、同舟共济，才能绝地逢生。危机当中，面对生死的挑战，领导者更要鼓励理性质疑，保持开放、自由、宽松、包容的心态，发动团队参与，宽容错误，敢于担当。这就是格局。

坊间有一种说法：世界上有两种人，一种是走过戈壁的人，一种是没有走过戈壁的人。长江人说：世界上有两种人，一种是进过长江的人，一种是没有进过长江的人。如果你既是长江人，又走过戈壁，你就很有可能成为一个有格局的人。

宾夕法尼亚州立大学博士

长江商学院管理学教授

09

挫折，杀不死我的必使我强大

跑得再怂也不怕，干到终点再说，到最后一刻再说。这种心理建设源于戈十那一天的深深挫败感。你如果是一个人在戈壁上跑，就会轻易弃赛，但如果参加的是团队赛，就输不起、也不能输。不过，情况越复杂，长江的戈友越有战斗力。

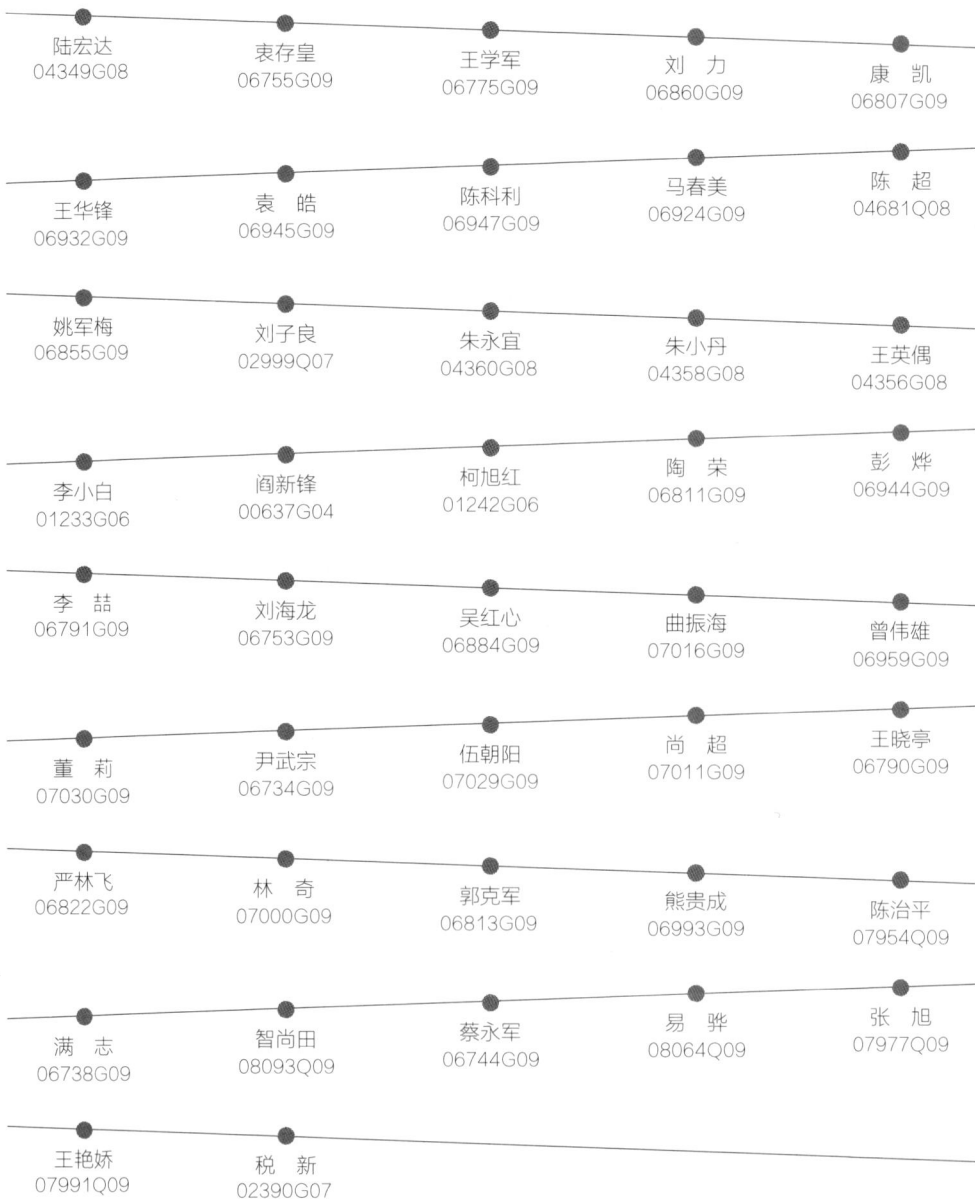

陆宏达
04349G08

袁存皇
06755G09

王学军
06775G09

刘 力
06860G09

康 凯
06807G09

王华锋
06932G09

袁 皓
06945G09

陈科利
06947G09

马春美
06924G09

陈 超
04681Q08

姚军梅
06855G09

刘子良
02999Q07

朱永宜
04360G08

朱小丹
04358G08

王英偶
04356G08

李小白
01233G06

阎新锋
00637G04

柯旭红
01242G06

陶 荣
06811G09

彭 烨
06944G09

李 喆
06791G09

刘海龙
06753G09

吴红心
06884G09

曲振海
07016G09

曾伟雄
06959G09

董 莉
07030G09

尹武宗
06734G09

伍朝阳
07029G09

尚 超
07011G09

王晓亭
06790G09

严林飞
06822G09

林 奇
07000G09

郭克军
06813G09

熊贵成
06993G09

陈治平
07954Q09

满 志
06738G09

智尚田
08093Q09

蔡永军
06744G09

易 骅
08064Q09

张 旭
07977Q09

王艳娇
07991Q09

税 新
02390G07

对自然，需有敬畏之心

戈十 A 队终极选拔第一天，共有 20 人参赛，饶南和罗德曼（本名吴军，罗德曼是网名）跑在前队，组委会定的成绩标准是 33 公里 2 小时 53 分。这个成绩对饶南和罗德曼而言不算太高，他们前半段跑得轻松，但到了 14 公里左右，对讲机里传来消息，称有中欧的戈友紧跟着长江的队员。原来，中欧提前知道了长江在当天的选拔，于是特意选了几名高手尾随以刺探情报，想试探长江戈十冲 A 队员的实力，了解长江正在演练的战术。

中欧戈九 A 队的队长也在这几名高手之中，他冲到饶南和罗德曼身旁，饶南和罗德曼放缓速度，有意让对方超越，结果这哥们儿跑过 10 米后，停下来等两位。当时，长江这两名戈友在受干扰的状态下有两个选择，继续跑或者放弃比赛。

组委会的意见是继续比赛，不要因为有人骚扰，就终止筹备很久的终极选拔。当时，前队担负的一个任务是，尽可能跑出最佳成绩，这样才能看出后队的女生减时后有没有优势、有多少优势以及需要几个女生。饶南、罗德曼已在 A 队种子名单中，终极选拔的目的是，确定正赛中到底上几名女生，是 4 名还是更多。选拔的依据是，入选 A 队的最后一名女生的成绩减时后能够赶超跑得最快的男生，所以前队的男生一定要跑出最快的成绩或者以最佳状态跑步，这样与后队女生的比较才有意义。

如果继续跑，前队就需要与后队通过对讲机保持沟通，告诉后队前队当下的配速是多少，这样后队的女生才能以此为参考，在余下距离中调整各人的速度。中欧的人不依不饶，距两人只有一米，所以长江的战术怎么布置、后队女生怎么安排、配速如何调整等通过对讲机沟通的内容全落旁耳。饶南和罗德曼计划提速，把中欧那位戈友甩掉。15 公里处，3 人开始较劲；到了 24 公里处，饶南瞥到中欧的戈友依然在身后，他有些着急，喊着提速、提速，超过了罗德曼；跑至 30 公里时，将中欧的戈友甩了 300 米，此时离终点不过 3 公里了。饶南的意识当时开始模糊，4 月下旬的戈壁，太阳直射时温度超过 30℃。

中间过补给站时，饶南、罗德曼"甩人"心切，没有停下补水，高速奔跑下脱水严重。饶南平常的比赛成绩在 2 小时 50 分左右，那天拉到了 2 小时 45 分，逼近了体能极限。5 分钟，在平素弹指可逝，但在越野比赛中能决定输赢，甚至生死。参赛者身上配有心率带，事后回放才知道，赛程最后一个半小时，饶南的心率超过了 185，而他平常比赛的心率是 173。心率太快造成了大脑缺氧，他的意识开始混乱，导致他偏离了赛道。赛后，查看轨迹时发现，他在一个地方转圈跑，行至 31 公里时，跑到了一个梯型的水渠上，意识模糊的饶南摔倒了，滚落到渠下水槽中，深度昏迷。

罗德曼也跑错了路，正好路过水渠，走过了十几米，回头一看，突然瞧见饶南倒在水槽中。罗德曼马上下去抢救，而当地农民正在灌水浇庄稼，淤泥非常深，他距离只有饶南几米，但就是蹚不过去，于是只能大声呼救。几分钟后，跑在后面的 4 个队友一个个跳下去，把饶南抬出了水渠，叫来救护车和队医抢救。所幸，饶南是侧脸躺在水槽中，如是趴姿，口鼻淹没在淤泥中，则危矣。

半小时后，饶南苏醒了，但手脚不能动，他第一个念头是："如果残疾了，家人怎么办？"第二个念头是："我的股东和员工怎么办？"那一刻，他才懂得，人生天地间，每个人不仅仅是为了自己而活的。

饶南自幼身体尚可，从来没有晕倒过，从来没有上过救护车，从来没有打过吊瓶，戈壁这次意外是人生初体验。戈十冲 A 过程中，有位女生叫张爱华，人送外号"拼命三娘"，曾 3 次跑晕。在终极选拔中，她的成绩优秀，但距离终点 200 米处昏倒了。饶南过去不了解，跑步为什么会跑晕，这次他切身体验了一把。

饶南事件使所有戈友省思，让他们感觉到首先须有敬畏心，敬畏自然。戈壁挑战赛是一项越野比赛，自然界会发生许多人力不可抗拒、无法预测的事故。在戈壁上，不是所有人都明白，野外的不确定因素会带来什么样的危险。

其次，须重新思考科学训练。戈友们绝大部分是业余跑者，即使通过不懈的努力，达到了国家二级运动员的水平，也毕竟是半路出家，对人体极限没有概念，对运动医学不甚了解，对户外探险的安全认知不够。长江的同学有个性格特征，那就是不信邪、不服输，但大家也应谨记，户外运动这个领域并不是长江同学一贯擅长、熟悉的商界。当你的意志力比你的能力更强的时候，你就会很容易逼近极限、发生意外。

既然有规则，就要尊重规则

出事以后，存皇和饶南商量，希望他加入A队，但饶南婉拒了。既然有规则，就要尊重规则。规则是，没有完赛就没有成绩。一旦破坏了规则，那么组委会组织长达半年的选拔赛意义何在？饶南晕倒以后，随后的第二、第三、第四、第五名跳下来救他，把饶南抬上救护车已是半小时以后，这些同学继续跑步到达终点。如果饶南进A队，名额有限，那么伸手救援的这几位同学必定有一位要退出A队，这样对其他人不公平。况且，在高温气候下奔跑，晕倒的不止饶南一人，如果破坏规则，规则的权威性将不复存在。

饶南原在央企工作，进长江上学后，央企出台规定，禁止高管就读商学院EMBA。戈赛赛制要求，A队竞技队员必须是在籍EMBA学员。为了代表长江参赛，饶南做了一个出人意外的决定，他离开了待遇优厚、工作了15年的央企。

2014年，饶南36岁，正值本命年，他隐约觉得自己的人生要有大事发生。他曾羡慕国外的青年，大学毕业后能腾出一年时间，满世界旅游，开阔眼界，找到自己想要什么，然后再去择业。在国内，太多的人的人生都是被推着走，自己没有完整的时间思考。同学们选择上戈壁，就像参加一个大派对，没想到自己一把年纪了，还能放肆地玩一回，做点牛×的事情。戈友们的内心有坚持、突破自我的东西，也有后青春时代的激情之花，它们都在戈壁绽放。

同学们来到长江，有的希望加入更大的人脉圈，这无可厚非，但更多的同学是因为生活和事业双双遇到了瓶颈，在固有的圈子里没办法拔出来，希望汇入长江能给自己一些冲击，体验不一样的生活，为下一段人生储蓄力量、寻找方向。饶南说："长江一点儿都没有让我失望。"进长江之前，他已经拿到了中欧的录取通知书，他所在的央企九成人读中欧，剩下小部分读清华。

长江与其他商学院不同。很多商学院倡导理性，人与人之间的距离拿捏得非常准，同学也会一起喝大酒，但心理上那种自我保护随时都能感觉出来，即使坐在一起，心与心的距离好像也不是太近。新生入学时，开展拓展运动，长江号召同学们摘下面具，打开心扉，让别人进去，互相接受、信任、拥抱。

从辞职到创业，到跑戈赛，饶南人生里最重要的几个决定中，长江扮演了很重要的角色。

饶南在体制内待了很多年。体制内的人离开体制，最大的顾虑是离开舒适区后的深深孤独感，恰好，长江之水抚慰了这些创业者的心灵。饶南离开央企，马上进入了另一个大家庭，同学们之间具有强烈的认同感，他们愿意为了彼此而倾心付出、拼死相护。在最困难的时候，永远有人站出来为你加油，为你解忧疏困。反过来，当同学面临难题时，你自然会报之以李，你会觉得不是一个人在战斗。在中规中矩的体制内，在平凡重复的生活中，这种激荡人心的感觉却很稀有。

长江戈十，临近正赛，饶南、爱华、玉静、刘宇4人最终没有进A队。自2006年首届玄奘之路国际商学院戈壁挑战赛起，每一届都有付出很多、离A队一步之遥的种子选手。

最强阵容，最低谷成绩

罗德曼说："戈十的3天是我一辈子的财富。"

长江戈十拥有明星阵容：队长孙化明跑过100个马拉松，人称"百马王子"；天生跑者小卡（马妍星）有"跑步女神"之誉，喜欢登山、攀岩、攀冰等极限运动，笑言跑马拉松是登山前的热身，2015年还在大连100公里越野赛中获得女子第一名；跑步一哥吴军（罗德曼）……

外界评价，长江戈十拥有史上最强的阵容，有跑得最快的男生和女生。其实，在"五一"之前，戈十的冲A队伍更强。2015年2月，戈十海南选拔赛，长江有多名种子选手与罗德曼实力旗鼓相当。这几名戈十的冲A主力一年后加入了戈十一的战队，比如饶南、刘宇、张爱华、龙应斌等。

戈十正赛第一天，罗德曼的心态有些恍惚，队友饶南受伤事件的阴云依然笼罩在比赛上空，大家跑得很压抑。他也疏忽大意，出发前没带"能量水"。

长途越野，随身携带的水是"能量水"。水里假如没有糖、没有盐，跑越野容易出现高血压、低血糖、抽筋等症状。起跑的时候，男生拖女生，罗德曼先带胡静，5公里左右带青菊，到15公里处，罗德曼自感不适，向张晓楠要了一瓶运动饮料。小卡细心，发现了搭档状况有异，罗德曼一向倔强，从不示弱，要运动饮料就说明怂了。小卡赶紧递上防止抽筋的维生素，但为时已晚。行至20公里处第一个红牛补给站，那里还没到截山庙，罗德曼的腿开始抽筋，于是陆宏达陪跑，率团队先行出发。

实力最强的队员跑崩了，四肢轮番抽筋，拉也不行，不拉也不行。有段时间，实在走不了，罗德曼只好匍匐爬行了10余米，难受之余，还得环顾左右，担心旁人看到，自己该多窘啊。一个人独行在山谷里，他有个念头，无论如何，走也要昂着头走到终点，如果第一天退赛，第二、第三天就无法为团队贡献成绩，这将是此生之憾。

罗德曼在失落和沮丧情绪的影响下，同时担心队友在前面等他，于是在对讲机里冲动地说："我跑不动啦，你们加油。"

青菊听到这个消息，心中撼动，本来罗德曼是她的支柱，不料支柱先倒了。跑了须臾，她在拉伸的时候，痛呼一声，腿断了。赛前，青菊积劳成疾，腿部受了伤，上了戈壁，在体力和心理的双重高压下，旧伤突发。宏达指挥其余5名女生继续比赛，他是以影像师的身份来陪跑的，马上寻找志愿者，通知赛事组委会，呼来救护车。宏达原本准备陪同青菊一道回医院，可受伤的青菊坚辞，撵他下车："宏达，你回去指挥，大家需要你。"返城后，同学们包机护送青菊回京，在协和医院做手术。

来自深圳的王学军是戈十的总教练，他担心罗德曼出事，所以陪着他走。总教练看到两名队员，一个断腿，一个崩了，一年的心血和热情滑落到冰点。学军默默在前面走，罗德曼看着他的背说："兄弟，对不起。"学军无言。

两个人从截山庙往公路走，地表温度超过48℃，罗德曼感觉所有的细胞都被蒸干了，一直干呕、吐黄胆水。熬到终点后，他在帐篷里补水，一气儿喝了20瓶矿泉水，仿佛一介皮囊几乎是干涸的，水入肚腹，毫无踪影，也无尿意。胡静在一旁取湿布为他降暑，小卡为他推拿拉伸。

后来，罗德曼参加再多比赛，心里都有了底，跑得再怂也不怕，干到终点再说，到最后一刻再说。这种心理建设源于那一天的挫败。一个人在戈壁上跑，就会轻易弃赛，但如果是团队赛，就输不起、不能输。摄影师抓拍到了罗德曼抽筋后在山谷中独行的照片，他虽然在走，但依然昂着头。

戈十正赛第一天，长江成绩第九，自戈赛以来，这是最低谷的成绩。

逆风就有机会，我要继续战斗

正赛第二天，A队小伙伴对赛事的看法各不相同，有的队员为昨天的意外深深触动，为求安全，放缓速度，觉得跑得快没什么用，活下去才是胜利。当天，罗德曼在前队，胡静在后队，跑的过程中，大静（胡静的昵称）的心脏不适，大家都很紧张，生怕有事。罗德曼第二天的状态颇佳，跑出第一的好成绩，他所挂念者，青菊受伤退赛，余下9人都安全无事。在他心中，个人是不是第一没关系，团队是不是第一也没有关系，全队安全到达就好。在营地看到队友安然无恙，罗德曼特别开心，有一种历经磨难终得归来的喜悦。

第二天完赛后，队长孙化明与诸戈友的想法相左，彪悍的"百马王子"不为情绪所动，认定长江第二天有机会赢，如果第二天拿到第一，第三天就可以穿上红色领骑衫，重新点燃夺冠的希望。所以第二天赛后，他心里着急，见谁怼谁，希望唤醒小伙伴的斗志。

化明说："队友受伤是个意外，我心疼队友，但是，我的腿没事，第一天第九，难道第二天还第九，第三天继续第九吗？我接受不了，我不服气，当兵就要上战场，上战场就会有伤病。你看见战友伤了，就当逃兵吗？不能，我要继续战斗。"

面对失利，第二天晚上，跑步女神小卡撂下一句狠话："老子参加过这么多比赛，没有一次不上领奖台的！"

小卡和孙化明鼓舞了罗德曼，在战术方面，他有信心，他平时就喜欢参加各种正式、非正式的跑团，在现在这支队伍中也是跑得最快的人，理所当然要在困难的时候站出来。罗德曼、陆宏达一起研究第三天的比赛策略。在前两天的比赛中，他们是就慢不就快，保最慢的队友；如今长江名次落后，第一天第九，第二天第五，必须背水一战，放手一搏，所以他们决定就快不就慢，保最强的 6 个人，不再保守。

长江戈友念念不忘的是作为一个团队争冠军，而不是强求一己之荣誉。长江的同学们虽然个性十足，赛前也会有争执，但上了赛场，就不会罔顾大局要个性，置团队于不顾。

比赛的 3 天中，从未有人想过脱离团队单干。第一天四男六女，罗德曼在后队带女生，他是跑圈的一哥，断后带女生就不能自由施展，但这是团队赛，唯有服从命令。组委会的安排也有深意，罗德曼个人能力突出，但不熟悉路线，拖带女生的任务也更为重要。还有小卡，她牺牲了个人成绩，3 天中默默在后队拖带小伙伴。用他们的话说就是："我们没有想过牺牲这两个字，事情就应该这样。"

通常，A队的帐篷在第一排，免于别人打扰。不料，晚上大风，队长孙化明所在的帐篷正好在风口，各人的帐篷纷纷被吹倒。化明只好用手顶着帐篷休息，B队的满志等戈友几乎一宿没睡，通宵都在钉钉子固定帐篷。

情况越复杂，长江的戈友越有战斗力。

正赛第三天，8级逆向大风。出发前，罗德曼很兴奋，对小卡说，长江的机会来了。第三天余下赛程22公里，倘若顺风顺水，其他强队一鼓作气即可完赛。逆风就有机会，长江在戈赛中，不仅是赛场上的A队队员在战斗，而且有一群老戈在陪跑。

> **逆风就有机会，
> 长江在戈赛中，
> 不仅是赛场上的 A 队队员在战斗，
> 而且有一群老戈在陪跑。**

罗德曼带前队，与孙化明、陈治平一组；郭永带后队，郭永昵称 DVD，他勇带 3 名女生，小卡护航。队长孙化明昨晚休息不佳，跑得直喘气，罗德曼拿起对讲机，和后队商量，准备先让化明休息，不料后队情况更加吃紧，郭永带人过于吃力，已经跑崩，华昕体力耗尽，他们俩需要先休息。这样，原来前队有 3 人，后队有 5 人，现在退出了两人。

戈赛取第六名的成绩，此时长江戈十的 A 队队伍唯余 6 人，没有后备方案，没有生力军，无论队员状态如何，都只能前行。如果赌一时之勇，无视规则，罗德曼和小卡任性一把，撇下队伍自己跑，完全有机会刷一下最佳成绩，获得当天的第一，威震戈壁，但那不是长江戈友的作风。

幸好，罗德曼备了一根绳子，用来拖带化明，化明回忆道："罗德曼拿一根绳子带着我，可一个男人怎么可能用绳子带呢？绳子是男生带女生的。最后那一天，罗德曼就多了一个心眼，万一哪个男生不行了，他就想拖带一下，所以才带了一根绳子。当绳子很紧的时候，他也吃力，也哼哼，他一哼哼，我就赶紧快一些，好减轻他的痛苦。我们就在那一天结下了深厚的友谊，在战场上的友情才是真正的友情。"

最后，年轻的陈治平一马当先。后队，小卡和昵称 Mily 的胡玲玲这两位女生拖带着张晓楠继续竞技。

赛制规定，前两天，A 队先行，B 队随之；第三天，B 队先出发，接力陪跑 A 队。关键时刻，长江的老戈友陆宏达、王华锋、康凯陪跑挡风，小卡身材玲珑，假如没人遮挡大风，几乎要随风摇摆，她一直在宏达的侧后方跑步，避开了大风的狂虐。

罗德曼拖着化明，体力又接近极限，边跑边吼，扯着嗓子喊："为了青菊，为了存皇……"以此激励自己，激励队友。第二天，长江落后中欧 12 分钟。第三天，在最后 22 公里的赛程中，长江反超中欧 12 分钟。

第三天，长江单日第一。长江在戈十中的团队成绩排名第三，从第一天的第九，到第二天的第五，到第三天的第一，长江逆袭翻转，完成三级跳。

长江戈十的 A 队队长孙化明说：戈十最能体现长江人的冠军精神和永不放弃的精神。第一天第九名意味着什么？意味着长江戈赛第一天的成绩跌入最低谷，但在整个戈赛史上，第一天第九名，最后冲进前三的，长江戈十是独一份。

回归本真，卸下冠军包袱

戈十的长江团队是有故事的一届，甚至关乎生死。豁达者有孙化明，他一直劝队友青菊无须自责，戈十进了一个新的竞技时代，即使队友无恙，长江也很难夺冠。他说：

> 戈十尽管没拿冠军，但是人性暴露出来了，这反而是件好事。你是什么样的人，我是什么样的人，在戈壁这面大镜子面前一览无余，大家对彼此的了解都进了一步。没拿冠军，也暴露出每个人的人性特点，让大家看清了自己，也看清了别人。这个看清没有贬义，而是认知自我，认知你周围的人，包括每个人的优点和缺点。

凡是比赛，就有不可控的因素，就像世界杯，巴西队是强队，次次都是夺冠热门，但有时连前八都没进。这就是比赛的魅力，正因为比赛中充满变数，所以我们才会去看比赛。如果比赛中确定实力强就等于冠军，那么比赛就失去了意义，为什么还要比呢？

陈龙教授（长江商学院金融学教授，现任蚂蚁金服集团首席战略官）这样评价戈十："大漠风沙，充满凶险和诱惑。当你的伙伴受伤的时候，你是去追逐名次，还是陪伴你的队友？奔跑的目的是什么？我们何时应该停留，何时应该奔跑？在我心中，长江仍然是戈十的冠军。不是吗？唯患难见真情，唯英雄能本色。那个叫玄奘的独行僧，穿越的不仅是万里黄沙，而且是'妖鬼'出没的心路历程。戈十失去的只是冠军杯，获得的却是初心、是感悟。长江的戈友们，配得上玄奘之路！更何况，长江是以企业家的身份，以超人的意志、协作和智慧获胜的，这次卸下了冠军的包袱，未来就可以轻松地奔跑、回归本真，这是幸事。"

罗德曼称，戈壁挑战赛有极强的仪式感，戈壁自有强大的气场，每家商学院的 A 队队员上了戈壁，心态自然而然就会凝重起来。到了戈十，这种仪式感更加浓烈了。

逢十多庆，玄奘之路迎来第一个十周年，赛事组委会庆贺的方式是增加了比赛的难度。过去，比赛路线会提前一个月公布，供参赛方提前探路，可这一届，开赛前一天晚上才公开具体路线，打卡点也故意设在无参照物的地标上。

商学院多有期待，力争拿出一个好成绩。戈一到戈三，注重走路体验；戈四到戈六，唯留中欧与长江双雄并峙；戈七，群雄角逐；戈八，长江横空出世，第一次启动专业化的训练；戈九，长江捷报又传，自然期待戈十来一记漂亮的帽子戏法。

戈九以后，戈壁挑战赛深入人心。国内的酒文化历史久远，不过，如果一位长江校友在冲A，遇到同学聚会，就拥有了正当的不饮酒理由，其他同学二话不说，也将之视为重点保护对象，不但不与之喝，而且会主动拦着别人来敬酒，或者会当众宣布：谁也不准与这位同学喝啊，这位亲爱的同学正在备战戈十，为长江争光，是我辈楷模。

仪式感带来期待感，期待感带来压力、焦灼。2015 年 5 月 22 日，戈十开赛。5 月 1 日，大战在即，长江戈十队伍中出现嫌隙，领队与队员吵，男生与女生吵。

戈十之殇，一半是天时不利，一半是人和之故。戈十那届，出现意外的不只长江，比赛第一天，高温就让戈友们发生了意外。中欧的队员张爱娟冲刺时中暑，先是倒在距离六工城营地终点一公里处的水渠旁，后被强行绳拖，脚尖在地上滑行，最后昏迷了 7 个小时，危及性命。北大光华管理学院戈十 A 队队长卡卡，比赛第一天也中暑深度昏迷，上海交大也有两名队员受伤。这几位队员求胜心切，到了补给站，水没加满就匆匆离开，冲刺时没水喝，很容易脱水昏迷。后来，赛事组委会强行规定，各队员在补给站必须待满 5 分钟才能离开。

长江在戈八、戈九获得两连胜，戈赛这个赛事也从一家历经曲折的创业公司，走向大众，走向前台，有了些明星公司的味道。作为组委会成员，既是一种责任，也是一种荣誉。从戈十开始，长江的戈赛组委会开始由竞选产生。

戈八 A 队队员孙继军常说：戈八无法复制。戈八与组委会不和，但顶得住、带得出，最终扛过了，抱得冠军归。戈九 A 队队员陈超说：戈八是男人，戈九是男孩。有的老戈说，戈八带戈九带得很成功，但戈九带戈十时，留下了许多憾事。

长江戈壁训练营大致分为华北北京站、华东上海站、华南深圳站三大块。戈十一白沟选拔赛中，罗德曼带着登彪跑，返回上海后，其他人对此有过私议：罗德曼你身为华东站政委，怎么带北京站的队员跑呢？

罗德曼不解，夺冠才是头等大事，选出最强阵容最重要，为啥有华北、华东、华南之分呢？加入 A 队，为长江而战，本身就是一种荣誉。每一届，各地训练站以今年输送几名 A 队队员为荣，这也是人之常情。罗德曼和诸戈友提倡各训练站之间良性竞争、公平竞争，因为没有竞争，就没有活力。在上海的户外俱乐部，罗德曼有两个关系很铁的兄弟，他们三人实力相仿。每次跑步，彼此都打心理战，佯称今天吃得太撑或诈言脚踝受伤，上了赛道，三人你追我赶、互不相让。场下，他们亲密无间，彼此照应；场上，拼尽实力，当仁不让。用最佳成绩与队友比赛，是对队友的真正尊重，这才是体育精神。

罗德曼自言过去性格中有往后缩的成分，他为此很有些懊悔。如果戈十的时候，自己往前站一些，多付出一些、多承担一些，在戈十一、戈十二中参与得更细致一些、更投入一些，无论对于长江还是戈赛，结果是不是都会更好呢？这个念头萌芽后，在他心里蔓延，不割难受，他决定从头到尾参与戈十三。罗德曼见证了戈十三组委会九人组的诞生，抓训练，参加每次选拔赛和挑人过程，布局战术，直到戈赛开战。夺冠，夙愿遂成；不夺冠，也是给自己一个交代，做到问心无愧。

有些事情可以做得更好

戈十正赛第一天就出现了意外，衷存皇的心里不安。第二天晚上，戈壁开始起风，风声鼓荡，他一个人悄悄走到僻静的戈壁滩为队友祈福。完赛后，他和袁皓两个人都把鞋埋在了戈壁，希望尘封这段往事。

有时候，存皇觉得戈十是自己心里的一道伤疤。这几年，每当回忆的时候，他都在慢慢去适应，去省思，去复盘，但记忆里除了遗憾，更多的是正能量的东西，那些画面经常浮现在心头。

对他而言，戈九、戈十这两年就是生长在心底的一段记忆，这种记忆常驻在你的身体里，任何时候，只要稍微轻轻一触碰，就有一股温暖的力量汩汩流出。这种情愫、这种回忆，不独存皇拥有，对于所有的戈友都是如此。人生到了中年，需要这样一段经历，可以告慰青春。人生就要善于折腾，而这种折腾会带来一种意想不到的阅历和感悟。

存皇说，在戈九中，他好比是一个演员，好好琢磨剧本就行了；但在戈十，他是导演，首先想的是所有人安全完赛，在安全的前提下赛出最佳成绩。组委会说到底就是一个传承，每届组委会的成员图什么呢，其实都是付出，做组委会成员要比做队员辛苦得多，因为组委会要面对方方面面的挑战。

戈赛正赛 3 天的战斗背后是整个长江同学的支持。组建戈十队伍时，资金有一些缺口，存皇和 EMBA 二十二期的几个同学吃饭，聊到了这事儿，一位同学当即表示："存皇，你可以喝酒啊，喝几杯酒，哥儿几个就出几万。"刚喝两杯，另一位同学，也是一位老大哥，推他出了酒局，问他："戈十到底缺多少钱？你跟我说。你别喝了，你的酒量又不好。"

当天晚上，几位同学凑钱支持戈十。同学们的情谊是一种无形的力量，当你觉得自己受了委屈，或者有所退却、有所疲惫的时候，这种温暖的力量始终照耀你前行。

戈十早已完赛，但那些人、那些事依然烙在存皇的心中。他过去是公司的财务总监，现在从后台走向前台抓业务，他经常思考，要确立什么样的目标，需要达到什么样的水平，又有什么事情需要做到极致。戈赛的影响始终都在，潜移默化中延续到工作和生活中，经常提醒着他，或者时常让他去反省自我。存皇坦诚地表示："有些事情之所以发生，的确有自己的性格原因，或者是因为内心不够强大。我觉得自己或多或少都有些缺点，不然，戈十就不会打得那么累。"

如果你定了某个目标，就应该招特定的队伍。从赛后的复盘看，存皇的遗憾是，没有将队伍融合好。虽然戈友们公认他坚持了底线，但他本人再三反思，有些事情可以做得更好，通过更多的方式、方法，来更努力地解决问题，也许这样就会避免戈十的意外。比如，挽留当时的种子选手吕军强。

三亚选拔赛中，吕军强争当戈十队长，立志当戈壁之王，但组委会另有考虑，吕军强指责道："存皇，你有私心！"

存皇气恼地说："你可以讲我衷存皇的任何坏话，说我蠢，说我傻，但绝对不能侮辱我有私心。"

两个人差点打起来了，王华锋赶紧把他们拉开。其实，存皇视吕军强为兄弟，但那次争执让他们之间起了嫌隙。之后，一来负气，二来缺乏大局观，军强拒绝参加终极选拔。存皇说："这件事情的第一责任人仍然是我，我觉得自己其实有能力说服他，他当时就在等我一个电话。我和军强其实有情分，我应该能把这件事情搞定的。"

戈十队伍中，存皇有 3 个最牵挂的队友。第一个是受伤的青菊。"有时候在深圳、在上海，我特想见见她，可能戈十里我最想去见的就是她了，因为这始终是我很难放下的心结。毕竟在你管这件事情的时候，你就会觉得自己要为所有人的健康负责。"另外两个是罗德曼和小卡，这两位都是简单纯粹的跑者，来长江就是为了夺冠，可惜心愿未遂。

戈友们封存皇为"暖男队长"，戈九 A 队的康凯称，存皇是一个很有大爱的人，不管是他喜欢的人、不喜欢的人、亲近的人，还是陌生的、只有一面之缘的人，他都可以表现出一样的关爱。

可是，暖男不能概括存皇的领导力风格，他起码是一个聪慧的暖男。每个人的优缺点，他都看得透彻，关键是看透之后，他还可以包容别人的缺点。

戈九的时候，存皇用了一种"示弱"的文化来管理团队。"我当时的一个想法就是示弱，我把我所有的缺点都暴露出来，这支队伍要不要夺冠，如果要夺冠，我希望每个人都能投入。这些话我没有讲过，但心里一直就是这样想的。"比如，在路线方面，存皇就是欠缺经验，这时就有队友站出来说，他来研究这个东西。存皇对装备也不太懂，大家也都会主动站出来。在营养、保健等方面，存皇更是不懂，但也有人会站出来。存皇说：

> 戈九的时候，我更多的是把心思放在了别人身上，我为什么

要这样做？因为我想拿冠军，但我很清楚戈壁挑战赛是团队赛，知道仅仅靠我一个人是拿不了冠军的。他们都问你是在帮别人吗，我会跟他们说，我不是在帮别人，我是在帮自己，因为我成就的是自己的梦想，而我需要我的队友更强大。所以，我虽然在帮别人，但同时也是在成就自己的梦想。

暖男不是老好人，"在一些大的是非面前，我其实是很清醒的一个人。当然戈十也给了我失败，暴露了我个性中的另外一面，这可能也就注定了我只能是职业经理人，而不是老板。这些缺点也为戈十埋下了隐患"。

康凯对此别有洞见："戈九的时候，存皇是唯一一个还没进 A 队，大家就知道他会是队长的人。团队单纯靠领导是领导不出来的，它要有自发的凝聚力。存皇的领导风格本质不是示弱，示弱只是在场面上让其他人感觉更舒服而已。我肯定地知道，他这个示弱是为了让观众来围观这件事情。对我们来说，他是真正为我们好的。他这种特质不多见，非常罕见，正是存皇这种独特的领导气质感召了一大批戈友。"

施健施老大说，争议不是长江的文化，团结才是。长江戈友在赛前可能争得面红耳赤，但到了赛场就是一条心。跟诸多老戈聊过后，你会深深体会到戈赛有一文一武两条线，武线就是拼搏奋进的冠军精神，文线是付出、奉献、忘我与成全。戈赛 A 队浓缩了戈壁精神，一名同学来到 A 队，第一任务不是出个人成绩，而是改掉自己的习惯甚至放弃自己的优势，去融入团队、帮助团队、帮助其他 9 位同学成就梦想。做决策前，须想一想，我能为团队做什么、我能为长江做什么，而不是反复计较我得到了什么？

10

超越，进击更高的目标

人生的每一步都会算数，在冲 A 的过程或者做企业的过程中，目标是宁多不少的。在自己的穿透点、突破点上，一定要给自己更高的目标，然后去逾越它。为什么能进步，因为每一次总是往上顶，一次一次就这么顶上去了。

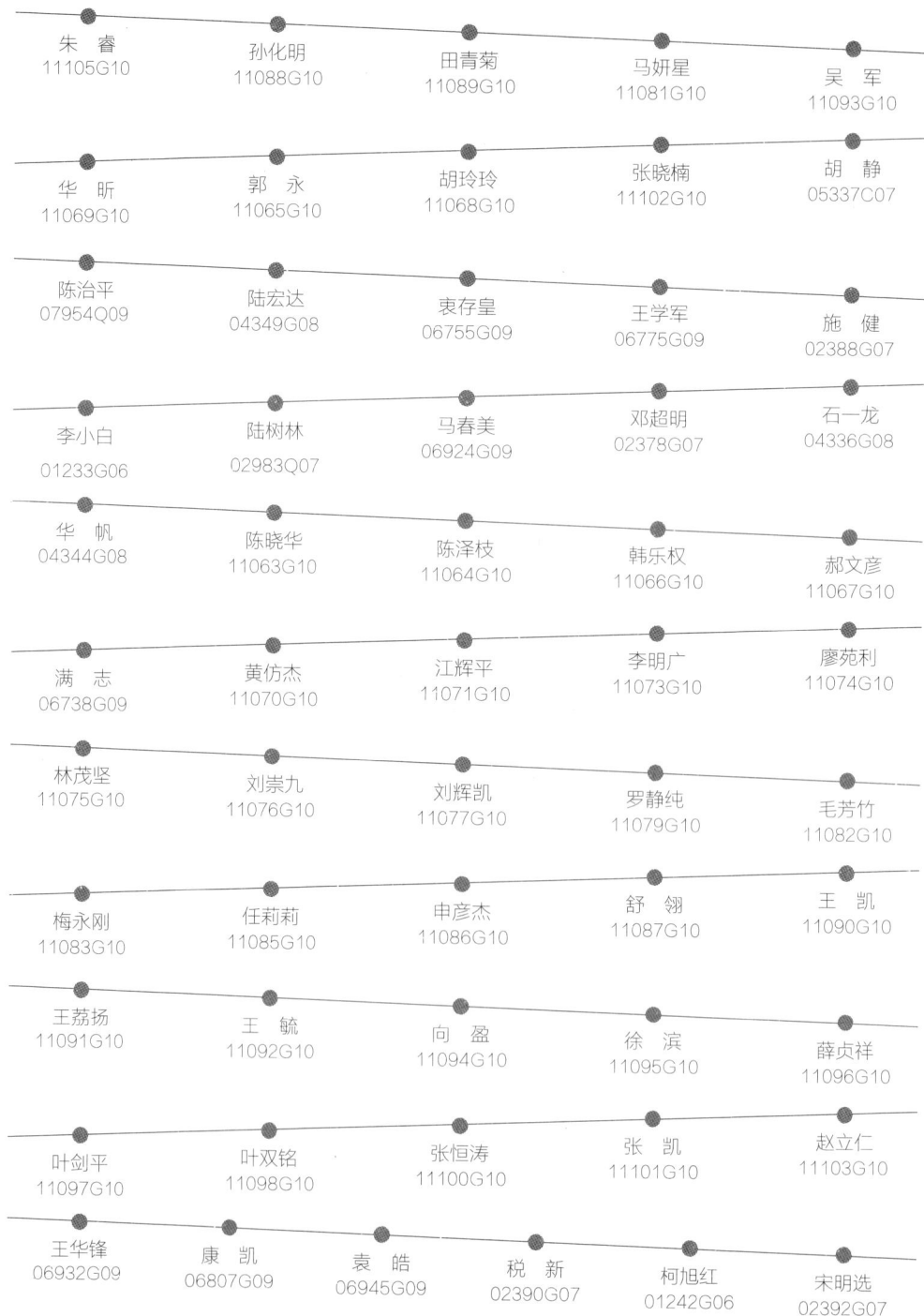

朱睿
11105G10

孙化明
11088G10

田青菊
11089G10

马妍星
11081G10

吴军
11093G10

华昕
11069G10

郭永
11065G10

胡玲玲
11068G10

张晓楠
11102G10

胡静
05337C07

陈治平
07954Q09

陆宏达
04349G08

衷存皇
06755G09

王学军
06775G09

施健
02388G07

李小白
01233G06

陆树林
02983Q07

马春美
06924G09

邓超明
02378G07

石一龙
04336G08

华帆
04344G08

陈晓华
11063G10

陈泽枝
11064G10

韩乐权
11066G10

郝文彦
11067G10

满志
06738G09

黄仿杰
11070G10

江辉平
11071G10

李明广
11073G10

廖苑利
11074G10

林茂坚
11075G10

刘崇九
11076G10

刘辉凯
11077G10

罗静纯
11079G10

毛芳竹
11082G10

梅永刚
11083G10

任莉莉
11085G10

申彦杰
11086G10

舒翎
11087G10

王凯
11090G10

王荔扬
11091G10

王毓
11092G10

向盈
11094G10

徐滨
11095G10

薛贞祥
11096G10

叶剑平
11097G10

叶双铭
11098G10

张恒涛
11100G10

张凯
11101G10

赵立仁
11103G10

王华锋
06932G09

康凯
06807G09

袁皓
06945G09

税新
02390G07

柯旭红
01242G06

宋明选
02392G07

20 12 年 11 月，陆宏达到杭州参加马拉松，到了赛场一看，到处是中欧的旗帜。随后，宏达向长江校友部申请，要求组织同学参加马拉松。这在学院史无前例，而且在当年的广州马拉松中，两名跑者发生了意外，所以学院对此相当谨慎。最终学院决定，由宏达以个人名义组队参加 2013 年元旦的厦门马拉松（以下简称"厦马"），学院和戈八组委会全力支持。经过大力宣传动员，最后竟然有 60 多名长江校友参赛，这是长江历史上第一次在国内大型马拉松赛中集体亮相。

宏达很谨慎，他拉了一个微信群，用于备战沟通，要求每位跑者赛前一周不饮酒。到了厦门，他审定菜单，要求饮水时加点蜂蜜和柠檬，增加少量糖分摄入。赛道设了 8 个补给站，红牛发起一个公益活动，参与厦马的同学每跑一公里，红牛就为公益项目捐一元钱。厦马人气很旺，有 8 万人参加，很多跑者来到长江的补给站求助，个别跑友还问："在这里能报名入学长江商学院吗？"

在整个商学院，戈赛是跨届跨班级的大型运动赛事，一个学校能够夺冠，是综合实力的体现，代表着一所大学的精气神儿。往深里说，而且连冠军精神就是企业家精神。EMBA 二十三期校友尹武宗先前报名其他商学院，学费都已交了，他偶然参加新加坡国立大学戈赛回归日的典礼，第一次了解到戈赛，问左右的人，谁是戈八冠军？旁人答：长江商学院。第二天，尹武宗放弃其他学校，学费也没追回，直接改报了长江商学院。长江戈九 A 队队员陈超原先也报名了别家商学院，也交了学费，但写错了账号，费用又退了回来。陈超咨询周围的朋友，大家一致推荐她改报长江。戈赛是一个极佳的口碑宣传通道，为戈八夺冠所激励者，不独陈超和尹武宗，在戈八赛场，许多戈友目睹了长江同学的拼搏精神，好多人在现场发愿，未来入学长江。

戈八和戈九的夺冠点燃了长江人的跑步热情，2013 年，上海校友会不足 1 000 人，但有超过一半的校友在跑步微信群每天打卡，晒跑步轨迹。跑步之余，同学们聚集在一起，开学习会，邀请各领域的同学分享业内经验，比如请戈友张爱华讲解公寓出租。

训练和选拔机制，也在老戈的努力下更加完善。宋明选和阎新锋游离在组委会之外，他们不是教练，也不是组委会成员，但是热爱跑步，关注戈赛，在长江商学院的支持下，他们俩分别支持戈八队员们在北京和上海建立训练站。当时，孙红雷主演的谍战电视剧《潜伏》正在热播，受剧情影响，戈友们把上海训练营称作华东站、北京训练营为华北站、重庆训练营为华西站。

华东站最早请来专职教练，并带着教练飞北京、重庆等地，辅助建站分享经验。鉴于老戈阎新锋多年来一直在建设华东站，为戈赛带出多名女一号、女二号，戈友圈笑称他为"女生教练"。

每次总是往上顶

"其实，越枯燥的东西，越让人上瘾。你看吃东西，也是那样子，麻的、辣的、酸的，越怪的味道越上瘾。一旦跑了以后，你就会发现你在不停地超越自己，发现自己的潜能，觉得自己还能跑 5 公里；跑了 10 公里后，会惦记半马；跑了半马，还想去跑个全马。你不断想超越自己，这是会上瘾的。越简单的运动越容易上瘾。"马春美是戈九 A 队队员，她原为国家体育总局机关服务局的副局长，倡导科学是运动的第一生产力。春美于戈赛是慢热型的，"戈壁有什么好玩的，连只蚂蚁、连棵草都没有，我们哪儿不能跑，非得跑那里找虐"。

她在戈九的微信群里说过："我一开始不喜欢跑步，喜欢的是你们这帮跑步的人，为了不离开你们，你们非要跑，那我只能跟你们跑喽，就这么一个缘分。"

戈八时，北京的戈友常在奥森露天跑步，或者在北京体育总局的跑道训练。春美引荐长江戈友到国家体育总局训练局，这里有北京唯一的室内田径场，寒暑风雨都无碍，一步到位。至此，长江戈赛华北站就设在了国家体育总局。

戈八是"土法炼钢"，戈九开始聘请教练，教练是退役的马拉松运动员，曾是北欧越野的高手，他的训练方式延续马拉松的套路，他的越野经历和戈壁越野也不同。北欧越野，讲究精密，偏差几米，就须退赛，和戈壁越野不是一个概念。到了戈十，长江的戈壁选拔进入专业竞技状态，同学们的训练，无论是春节集训，还是平时的深夜训练，随时随地有教练了解情况和队医陪护。华东站的曾朝恭教练和队医杨杰医生非常专业，每次训练后，他们俩都会亲自为队员按摩。队员在训练过程中，每跑一步，全身的肌肉都在用力收缩，收缩到几万次、几十万次以后，筋肌变短，如果不及时抻开，肌肉会变硬，缺乏弹性，从而容易受伤，乃至造成永久性损害。所以，每次训练后，务必把筋肌拉开。队员主动拉伸，身体的很多部位拉不到位，被动拉伸的重要性就凸显出来了。曾教练和杨医生一直坚持亲手为队员拉伸。

曾朝恭教练说过，训练的过程是一个身体重构的过程。正常人的身体，无论强弱，以平衡为本，欲达到一个高度，就要打破这个平衡，在新的起点重新建立平衡。正常人的肌肉、韧带、骨骼、心率、血氧量的配置，不足以支撑戈赛的运动强度，同学们起初跑步会觉得好玩，后来会有各种痛，疼痛其实是破坏了原来的组织，在反复的强度刺激之下，组织在重新生长。不同的教练的区别在于，用什么样的顺序达到上述过程。

体育赛事是一个综合的学科，跑步也是一门独立的学问。中国的体育科学世界领先，奥运会的成绩即可证明。赛事涉及队员的训练水平、竞赛水平、科技手段、恢复手段以及比赛心理学。

春美从国家体育总局请来顶尖专家，其中有竞体司的司长，主抓奥运会的训练；有职业理疗师，带过奥运冠军的教练。来自国家队的教练有个核心思想：体能训练。无论哪种运动项目，篮球、足球、跳水、体操、跑步，除了项目本身，体能训练都是基础，比如训练脚踝的力量、核心的力量等。

除了体能训练，还要有体能恢复意识。今天跑 30 公里，明天脚踝受伤走不了路，这不是长策。戈赛 A 队队员接近国家二级运动员的水平，有的种子选手甚至超过这个级别，冲 A 和 A 队的训练与专业运动员的训练并无区别，所以一定要有体能恢复的意识。人的运动周期是 28 天，作为运动员，如何调节自己的竞技状态是一门大学问。所以赛前，首先最忌临阵过分磨枪。

另外，还要有科学的营养计划。跑步的过程中，身体的微量元素会丢失，这就是长跑者常常抽筋的原因。

戈八以前，体能恢复只有两种：睡觉、吃糖。有的戈友跑马前，准备一包葡萄糖兑水喝。其实，这种糖分留不住，喝了还刺激排尿，让自己上场前多一道心思。跑步依赖科学，而不是一堆民间偏方或者网上的碎片化知识。

比如滚轴放松这件事，有的戈友不解，为什么要这么放松，肌肉男一滚全身都疼，为什么？这是因为他们全身的肌肉都不放松。很多男士认为练肌肉就得练得硬邦邦的，但这是运动大忌，"肌肉用的时候应该是有弹性的，不用的时候应该是放松的，这样的肌肉才有用，不然是最容易受伤的"。

戈九上海崇明岛选拔，春美第一天的成绩是第五名，第二天的成绩排名前三，很多戈友不明缘由：她是怎么做到越跑越好的？秘密就是体能恢复，春美随队带来一位上海体育局的队医兼按摩师。她说："我过去也不理解体能恢复的用途何在，这次真切体验了，原来体能恢复对运动成绩有这么大的提升作用。"

戈十，国庆七日大连集训。春美邀来北体大的教授，为冲 A 的戈友讲了一次课。归来后，许多戈友接受了科学锻炼的理念。

说到底，运动是一种生活方式，是一个精神追求。春美曾把戈八、戈九的画册送给总局一位领导，他曾任新华社的社长，这位前辈看过后，大为惊喜：原来，我们国家有这么多阳光的企业家啊，中国的未来大有希望。

跑步就像做企业，需要善用资源

陈玲，昵称 Rose，她有体育天赋，爆发力强，在大学跑百米跨栏得过第一名。罗德曼慧眼识珠，送了 Rose 一块手表。那时候 Rose 还不懂什么是配速，就下载了一个"乐动力"App 练习。她跑了几次，把数据转到跑步群。罗德曼一看有戏，向戈十一的组委会主席王华锋推荐说，深圳有个好苗子。

2015 年 9 月，戈十一选人，王华锋专程从广州去了一趟深圳。当时华锋有伤，Rose 追着华锋跑，配速 5 分出头，竟然把组委会主席拉爆了，华锋对她赞不绝口。就这样，大家认识了，一起吃饭，然后开始了长江老戈惯有的"洗脑"开场白：先是鼓励，夸 Rose 有天赋、有潜力，继而说了许多戈赛传奇，结论是你一定要来戈壁。

在 2016 年深圳大鹏马拉松赛中，Rose 经历了一次跑爆的体验，跑到 20 公里，手脚发麻，心率飙升，她只好停下，慢慢地走。她的心肺恢复能力好，走了几公里后，继续奔跑，直到终点，成绩是 4 小时 30 分钟。

戈赛在 5 月下旬举行，终极选拔一般在 3 月中旬，从深圳回来，到终极选拔只有 3 个月时间，3 个月内冲到 3 小时 30 分钟，对于资深跑者尚有困难，何况是跑步小白？

王华锋组织的戈十一的气氛很好，有种能量场吸引着戈友去参加。Rose 认为，专业的事情就要交给专业的人去做，一定要有科学的方法和工具。于是，她找了一位女教练，亚洲跨栏第一名的退役选手。

艰苦的训练开始了，一周七天无休息，生理期也不休息。带阻力跑坡，缠一个很宽的皮带，后面有一位 80 公斤的男生随后拉拽。间歇跑，以最快速度跑 400 米，连续冲 10 次，每次跑完几乎要吐。在操场，Rose 专挑高出她水平三成的男生竞速，男生一看女生跟来，自尊心促使不断提速，Rose 紧跟不舍。她学习心理学十几年，有各种各样的法子自我激励，一次次逼近极限，和男生比谁更能坚持，直到男生被拉爆。

她说："当你自己上量，知道你的速度在哪里的时候，心理就有数了。这时候绝对不能受伤，受伤就不能跑了，一旦停下来，几天之后，你练上去的心肺和速度就完全没有了。"

一旦看到了希望，就不惜一切开始投入。Rose 私下请人陪跑，还请了按摩师。跑完随时按摩、放松、拉伸，"长这么大我都是非常怕打针的，但那时候却跟牛皮糖一样黏着医生，让他们给我扎针放松"。

"跑步就如做企业，做企业的时候善于运用资源、投入资源，是为了给我自己最好的反馈。"Rose 的心肺功能是天生的，当一天的魔鬼式训练结束之后，休息一晚，就满血复活了。

2 月份盐田选拔赛，赛前 3 天，Rose 还跑了 30 公里，发到群里，冲 A 的许多朋友说，你这不科学啊，选拔前不能这样拼。

他们却不知，Rose 的跑步训练天天都是这样。3 月份，她跑到了 3 小时 50 分钟的水平，接近冲 A 队伍第一梯队的水平了。

跑步这件事也许可以欺骗别人，但欺骗不了自己。人生的每一步都会算数，在冲 A 的过程或者做企业的过程中，目标是宁多不少的。在自己的穿透点、突破点上，一定要给自己更高的目标，然后去逾越它。为什么能进步，因为每一次总是往上顶，一次一次就这么顶上去了。

"

人生的每一步都会算数,
在冲 A 的过程或者做企业的过程中,
目标是宁多不少的。
在自己的穿透点、突破点上,
一定要给自己更高的目标,然后去逾越它。

"

回顾自己的冲 A 路,Rose 认为自己有运动的天赋,但天赋只是让自己有优秀的可能,最重要的是自律。冲 A 的过程中,很多人在某个点就放弃了,因为他坚持不了那么多,不够自律,三天打鱼两天晒网。

即使你有许多事要安排、要处理,但也要有个优先排序。如果跑步第一,冲 A 第一,成绩就会一点点累积,走到最后。除了自律,还要专注,自律加专注才能够让做的事情有深度。

虽然 Rose 冲 A 的时间短,但她实现了个人突破。在戈赛中,许多戈友是"先恋爱后结婚",但她是"先结婚后恋爱"。"这毕竟是一个团队赛,不是个人赛。我自己冲 A 的时间非常短，对团队的贡献也不多，我有个遗憾是，没有足够的时间和团队一起磨合、并肩战斗，如果我能再多贡献一点，结果可能会更好一点。"

四年冲 A，砥砺前行

万凌的儿子在上中学时，获得过北京西城区 400 米跑步第一。教练说，根据遗传学倒推，既然儿子的短跑成绩这么优秀，那么你就应该也适合短跑，而不是长跑。

偏偏，万凌选择了长跑。

从戈十到戈十三，EMBA 二十四期同学万凌连续 4 届冲 A，放到整个戈壁史上，有此境遇和毅力者也是个案。戈十三，万凌冲 A 成功，他说："我跨过了山，跨过了河，跨过了眼泪和汗水。我踩过了骆驼刺，踩过了盐碱地，踩过了艰辛的黑戈壁。"

4 年冲 A，万凌有 3 个动力，其一为了健康，其二是陪伴戈友，其三是跑步已成为一种习惯。

早年，万凌在万通地产工作，他看到过一段戈赛视频。2005 年，冯仑、王石等企业家一起到戈壁徒步，那是戈赛的前奏。在冯仑先生的推荐下，他来到长江读书，入学时正好是戈九凯旋归来，陆宏达激情澎湃地宣讲：在长江，只有一种人能被称为英雄，那就是上过戈壁、进过 A 队的同学。

在万通第一次知道了戈赛，来到长江后，那颗萌动的种子发芽了，万凌开始跑步。戈九的主力马春美率团，带着万凌、陈超、陈治平围着故宫的外墙跑。5月份入学，6月份第一个10公里，7月份第一个20公里，8月份第一个30公里，一个月一个台阶。

每个月来长江上课时，同学们问候他："万凌，你怎么瘦了？"过了一个月，问候语改为："万凌，你又瘦了嗨！"后来一个月，改为心疼："万凌，你咋显老了？"万凌过去较胖，瘦身后，脸上的皮肤有些松弛了。

万凌说，如果他知道冲A要经历4年，那么他的信心也会受挫。每年砥砺前行，收获不同，起初是身体的变化，后来是心灵的感悟。每年也有每年的遗憾，带着这种遗憾，继续冲下一届，争取一个圆满。

戈十一启动时，万凌还在长江读书，他的酒量小，饭局压力大，而冲A是同学们公认的可以不喝酒的正当理由。所以，离开酒局，换一种生活，也是他继续冲A的理由。

跑步的种子慢慢生长，芽是健康，花是陪伴。在第五纵队，万凌与刘刚、张霞、区杰、李登彪等同学，每天5点到国家体育总局练习体能，刘刚常常准备一大堆营养品和食物，供同学们随意取用。戈十一的A队名单确定后，万凌和五六个落选的同学组织了一个"特A"队，继续跑步。万凌说："我知道自己今年又没戏了，但无论自己选没选上，都愿意陪伴A队同学最后一天。"

戈十二后，事不过三，万凌有过放弃冲A的念头。下戈壁一个多月后，他有些茫然，不知道该干嘛。2017年新年伊始，他许愿一年读100本书。到了四五月份，戈十二赛事正酣，他静不下心来看书，盯着微信群和朋友圈里的各种戈赛信息，心思早就飞到了戈壁滩。这时，他才发现自己已经习惯于冲 A 的生活，没有 A 队的召唤，日子反而没了目标感，于是决定继续冲 A。

过去，万凌的身材归于胖子那一拨儿，每年都要感冒几回，动辄口腔溃疡。跑步后，万凌的身体大为改观，他太太亲睹这些变化，也支持他继续跑步。但冲 A 是不断突破的过程，当看到万凌在集训中呕吐的情景时，太太不忍心，下了命令，今年是最后一次。

每次训练完毕，大家常做冷热水浴，先在热池子里泡三分钟，后在冰水里面一分钟，再到热水中浸泡，如此 4 次往复，为的是快速放松肌肉。然而，从中医的角度看，寒热交替是大忌，今年春节在广州集训，万凌全身出疹，痒不可当，后来靠拔罐服药才恢复如常。

自冲 A 起，五一、十一、春节例行集训，戈十那届他没有进入大名单，此后 3 年的春节都在集训中度过。万凌的生日恰在除夕夜，所以他人生中有 3 个春节和生日都是与长江同学一起度过的。

万凌反对过度渲染坚持的悲壮，既然选择坚持，就要有责任心、有意志力，但也要有乐趣，如果没有了乐趣，任何人都很难坚持。俗语说：久病床前无孝子。尽孝是这样，跑步也是这样，在跑步的过程中，你遇到了更好的自己，这才是坚持最大的动力。

冲 A 有一定的训练周期，很多戈友都有冲 A 的愿望，提前宣布，有诺必践，这是自我鞭策，也是无形的压力。越早说，就越要提前备战。但太早备战，太早出了成绩，临到戈赛，状态就不一定是最佳了。欲速则不达，人的抗压性有限，意志力也是有极限的。比方说，如果意志力有 10 分，每次训练都耗尽 10 分，这样苦苦地坚持，就很难熬到最后。如果每次消耗掉五六分，身体也会分泌多巴胺回馈，保持愉悦，乐意接受下一次挑战。

冲A是什么，就是"在特别短的时间内，给你特别大的磨练，然后拥有特别多的感悟"。

人的训练周期就像爬台阶、上阶梯，开始较缓，后面越来越陡。万凌说："如果我知道要冲A 4年，那么我就不必每年练得那么苦了，会放松下来，慢慢来，避免受伤，享受整个过程。"冲A就像烧水，经历整个选拔，就达成了90度；冲A成功了，就到了99度；完赛了，才是煮开到了沸点。

戈十三组委会宣布万凌入选A队，组委会主席李登彪说，这一次，万凌顶住了。知道这个结果时，万凌激动不已，伸手向天，大吼一声，然后坐下，一种强烈的疲惫感蔓延全身。众同学向他道贺，他说，自己只是坚持的时间长一点而已，隧道尽头，总有光芒闪烁。

戈十三，万凌以A02身份出征煮沸了最后一度。

戈八之前，训练还没有系统，戈八A队的队员不清楚，跑步时是前脚掌先落地，还是脚跟先落地，这个没有定论。现在已经明晰，先落前脚掌，后落脚跟。这符合生物的进化过程，动物界善走者如骏马，也是前蹄厚、后蹄薄。如果脚跟先落地，垂直下沉，地面产生反作用力，易伤关节；脚掌类似S型的弹簧片，落地后复又弹起，轻松自如。戈十一备战是在北京崇文区的龙潭西湖，王华锋带领戈友们拍摄宣传片，戈友张霞飘逸如燕、轻盈如鹿，堪称如教科书般的跑姿。

戈十A队的马春美本在国家体育总局工作，自戈十起，选拔的专业性凸显，众戈友来到体育总局训练，长江戈赛的北京训练营常驻于此。训练营场地高悬国徽，保留"为国争光"的标语，戈友来此，神圣感油然而生。戈友们在训练营数次遇到中国短跑第一人苏炳添，大家用膜拜的眼神、有礼貌地远距离观望着这位短跑名将。

冲Ａ４年，万凌在体育总局经历了多个大腕级的高配教练，其中一位是日本京都马拉松的冠军；一位是国家田径竞走队的教练，带过多位长跑名将；一位担任过国家游泳队、女排的体能教练；另有一位来自新西兰的李医生，眼光很毒，察觉戈友们的伤病，望闻而已，伸手一点，即是痛处。

万凌喜欢和人分享跑步心得，尤其乐意传授新戈友跑步心得，这点好为人师，源于对戈赛的热忱，戈友圈称他为"万老师"。

跑步是一项看似没有门槛、其实门槛不低的运动。人天生就会跑，古代狩猎，无非是一群人与兽之间的竞跑，在追逐的过程中，兽力竭而亡。

电影《狼图腾》的末尾，一群人开着吉普车驱狼不止，最后狼累死在山坡上。狼与狗一样，都是短跑健将，不擅长长跑，其外皮没有呼吸系统，无法和人类一样通过皮肤来散热，它们跑累了，舌头就会伸出来，大口喘气散热。如果紧跟一只动物穷追不舍，动物很容易跑崩掉。

所有体育运动，比如游泳、滑冰、高尔夫等，都需要教练，而跑步好像不需要，人人都会跑，穿双鞋子就能跑，事实其实不然。

万老师指导说，跑步有这么多坑，需要谨慎对待。他带过一个跑团在奥森拉练，发现八成以上的爱好者跑姿有问题。很多跑者虽然跑了很久，但上身松垮垮的，原因是没有练腹肌，没有做过卷腹运动，没练平板支撑。

跑步有个基础热身动作，高抬腿。起初，万凌也抬不起来，通过多个教练的讲解，他才知道，大腿抬高，依赖两个肌肉群，一是掐腰肌，二是大腿的肌肉，而核心在前者。欲练高抬腿，必先搞定掐腰肌。万凌惊呼，原来人体肌肉中还有一块叫掐腰肌啊。跑步时跑者的骨骼、肌肉、肌腱和软骨承受着巨大的压力、张力和扭转力，如果跑步的量与跑者目前的身体承受能力不匹配，就可能造成运动损伤。

人常说，跑步伤膝盖，这就是不了解跑步的常识所致。软件不行，全靠硬件支撑，大腿肌肉无力，全靠膝盖支撑，久而久之，膝盖必伤。

万老师跑步有 3 个秘诀：**收肩、收脐、摆臂**。

跑步的时候，第一，肩胛骨向内靠拢，脊椎随之挺拔，双臂自然展开，可以呼吸到更多的氧气。第二，跑步提倡呼吸匀长，深呼吸自然收腹，肚脐眼靠近后脊柱，促使腹肌与脊椎共同支撑上身。很多跑步爱好者，上身不正，跑姿歪歪斜斜，就是没有收肩收脐所致。第三，摆臂，有的跑者习惯往前摆，这样力道会搁浅；正确的做法应该是竭力往后摆臂，这个动作就像西部牛仔拔枪的动作，往后蓄势才可带动人往前行。

戈壁是一个放大镜，也是一个压力场，在这里，你的优点、缺点都被迅速放大。4 届戈赛征战路，万凌说："我收获了该收获的，认识了该认识的，在奔跑的路上看到了不同的风景。同时，我也成为戈友们眼中的风景。这4 年，我尽力了，只是留下了些许遗憾，但人生不就是这样吗？我们在戈十三踏出了坚实的脚印，然后继续前行，留下背影，目标还在远方。"

万凌喜欢看玄幻小说，在修仙的每个阶段，看到的人生境界殊异。跑步给人生带来启迪，有时候练到酸痛，不要失落，应当欣然，享受这个过程，酸痛说明此段时间训练到位，你已到了一个临界点，一旦过了这个台阶，就会登堂入室，视野顿时开阔。

跑步催生了思考，阅读开阔了见识，读书和跑步互有补充，拉伸了思维的广度。在一个手持铁锤之人的眼中，这个世界就是一根钉子。然而，敏感的人同理心更强，在一个砥砺前行的跑者眼中，这个世界美好多元，值得去争取、去奋斗。

11

破局，不是打败对手而是与明天竞争

一旦进了赛道就要坚持下去，不管跑得多慢、多狼狈，也绝不退赛，这个信念延伸到生活中就是：没有什么过不去的坎，关键在于你怎么去面对、怎么去坚持。就像跑戈壁一样，当你想放弃的时候，往往距离目的地不远了。

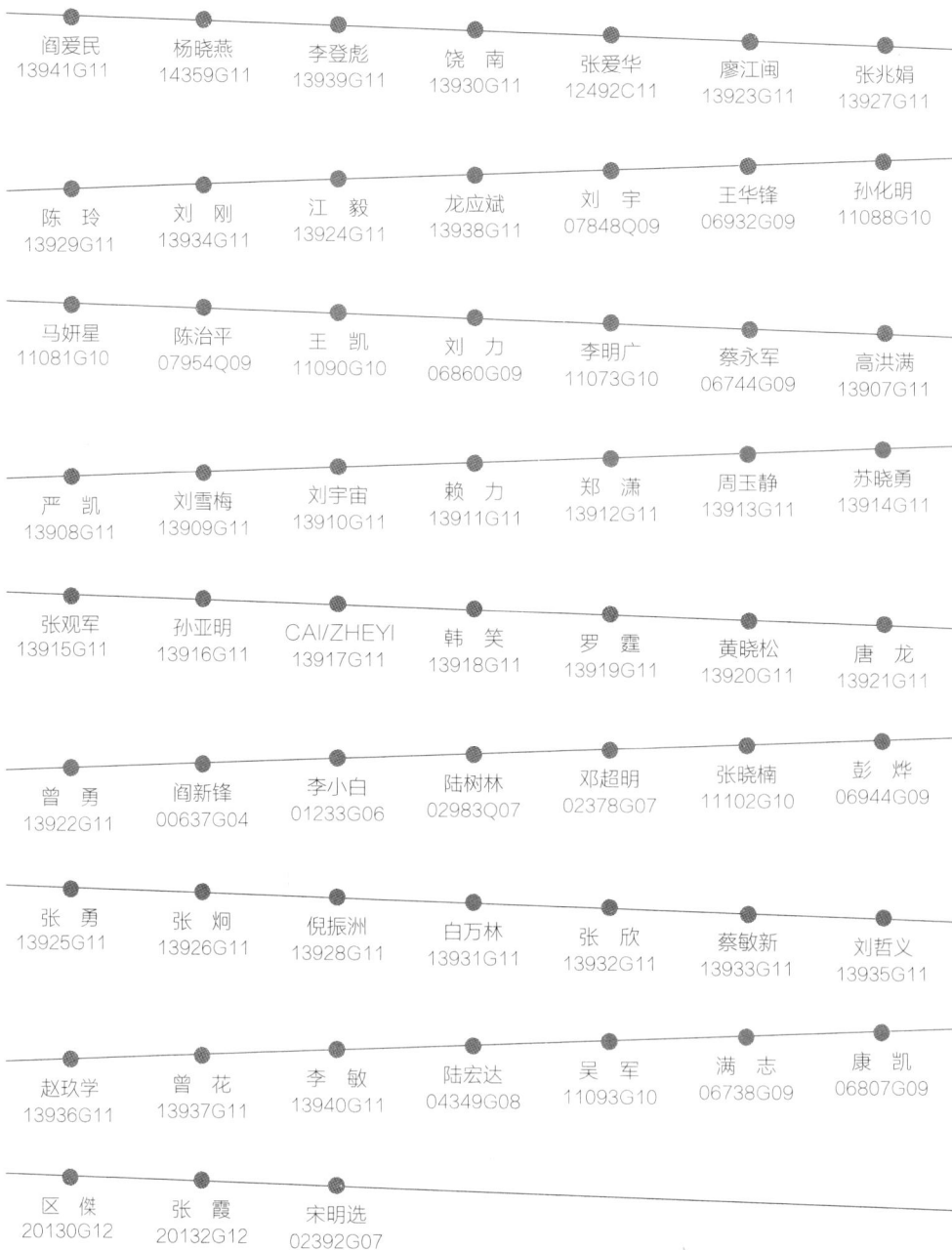

阎爱民
13941G11

杨晓燕
14359G11

李登彪
13939G11

饶 南
13930G11

张爱华
12492C11

廖江闽
13923G11

张兆娟
13927G11

陈 玲
13929G11

刘 刚
13934G11

江 毅
13924G11

龙应斌
13938G11

刘 宇
07848Q09

王华锋
06932G09

孙化明
11088G10

马妍星
11081G10

陈治平
07954Q09

王 凯
11090G10

刘 力
06860G09

李明广
11073G10

蔡永军
06744G09

高洪满
13907G11

严 凯
13908G11

刘雪梅
13909G11

刘宇宙
13910G11

赖 力
13911G11

郑 潇
13912G11

周玉静
13913G11

苏晓勇
13914G11

张观军
13915G11

孙亚明
13916G11

CAI/ZHEYI
13917G11

韩 笑
13918G11

罗 霆
13919G11

黄晓松
13920G11

唐 龙
13921G11

曾 勇
13922G11

阎新锋
00637G04

李小白
01233G06

陆树林
02983Q07

邓超明
02378G07

张晓楠
11102G10

彭 烨
06944G09

张 勇
13925G11

张 炯
13926G11

倪振洲
13928G11

白万林
13931G11

张 欣
13932G11

蔡敏新
13933G11

刘哲义
13935G11

赵玖学
13936G11

曾 花
13937G11

李 敏
13940G11

陆宏达
04349G08

吴 军
11093G10

满 志
06738G09

康 凯
06807G09

区 俟
20130G12

张 霞
20132G12

宋明选
02392G07

戈十一正赛第三天，长江 10 名队友全线冲刺，赛事激烈，饶南拖带 Rose 两公里。饶南拼得厉害，最后是边拖边吐，到了极限。5 公里处，Rose 生理期偏偏来了，血渗到了衣服外面。队长登彪快马杀到，于 10 公里处开始拖带 Rose，登彪晕血，只能在前面拉，"死也要把你拉到终点"。到了一个山坡，Rose 为了赶速度，索性一路滚下去，全然不顾一个爱美女生的形象。登彪一看，女生都如此了，哪里还顾及体面，他也直接从坡上滚了下去。

"长江人就是这样一群人，也许没有抽到一副好牌，却总能打出一场极致好牌。"戈七 A 队队员张晓英说。张晓英回想起自己参与的戈七，那时在开赛前，长江陷入了这样一个境地：

中欧是从 400 人里面选 40 名队员，而长江 A 队候选队员仅剩 10 人，而且缺乏户外经验，平均年龄还大于其他队伍。江湖传说，第 10 名的宋明选还是走错了房间，"不慎"入选的。

然而，正是这个据说靠"潜规则"进入 A 队的宋明选，在比赛的最后 3 公里，已经精疲力竭之时，腰上系着一根绳子，绳子后面拉着两个几乎崩溃的"玫瑰"。他在茫茫戈壁上声嘶力竭地吼叫着，"让长江的旗子飞起来""长江人牛 ×"。这个场景让张晓英毕生难忘，她说"那是戈壁上最美的一道风景"。

不要怂，就是干

饶南是戈十二 A 队教练，区傑是戈十二 A 队队员。饶南认为，区傑的内心有一股狠劲，她能入选 A 队，是因为内心的爆发。

正赛第二天，组委会面临一个抉择，区傑第一天拼得很凶，第二天要不要让她继续出场？如果继续，有利于比赛，但是她会不会出状况，跑崩了怎么办？这个过程惊心动魄。

于是，组委会增加了后备方案，跑将单兴洲做替补，一直紧跟区傑疾速前进，以防万一。在疏勒河休息区，区傑的大腿抽筋，寻来云南白药气雾剂，饶南心里咯噔一下，暗道不妙，此时刚过 20 公里，后面还有 17 公里呢，而且下半段的路段更难跑，区傑能不能坚持完赛呢？如果区傑发生变故，那么单兴洲就要拍马杀到；如果区傑可以坚持，那么兴洲就应快速撤回，拖带后队的女生。区傑能不能顶得住，是长江戈十二的一个关键点，饶南回忆："当时，其他几家学校跟得很紧，如果做错了决策，就会前功尽弃，长江不但无法斩获亚军，还有可能屈居第五、第六。"作为摄影师，饶南随队参赛，穿过铁丝网，到了终极选拔的那段 15 公里。饶南问区傑："怎么样，能坚持吗？"区傑决绝地回了 4 个字："干死了算！"

听到这样的军令状，饶南心中有数，立刻决定，回撤兴洲去拖带女生。正赛第二天，区傑跑出了最好的状态，一直顶到当日终点。

戈赛为区傑带来的最重要的是信念，一旦进了赛道，就要坚持下去，不管跑得多慢、多狼狈，也绝不退赛。这个信念延伸到生活中就是：没有过不去的坎，关键在于你怎么去面对、怎么去坚持。遇到纠结和迷惘，区傑就告诫自己：就像跑戈赛那样，你总觉得终点特别远，但如果从高空中俯瞰，其实很近。当你想放弃的时候，往往距离目的地不远了。

人之所以苦恼，就是忘掉了初心或者找不到初心。区傑最初开始跑步，就是因为和大家相处起来简单轻松；后来，她想为自我定一个初心，仅仅享受这种简单轻松还不行，好要有成绩，要有目标。人的狼性是怎么激发出来的？就是通过你确认真的想得到什么，然后全力为这个目标付出。跑了戈赛，人生会蜕变，就像重生一样，拥抱全新的自我，达成生命的重建。所有跑过戈壁的 A 队队员都会交好运，干一样成一样，因为他们有了不灭的信念感。

区傑说："正赛第一天跑完之后，我用实力让戈友折服了，我是会爆发的人。我确实在先前没有爆发给他们看，因为我觉得那段时间身体状态不是处于最佳状态，所以要把能量都放在赛场上。我的那口气要用在赛场上，赛前拼伤了上不去怎么办？我的自我保护意识还是很强的。"

"

当你想放弃的时候，往往距离目的地不远了。

"

不放过一个细节

戈十二 A 队中有一对神雕侠侣：谭进和陈琬。谭进入读长江后，太太陈琬随后报名加入，两人是伴侣，也是同窗。戈十二，谭进、陈琬双双冲 A 成功，谭进担当 A 队队长。

A 队队长是一种荣誉，荣誉的背后有责任，也有压力。谭进说，戈赛有一种感召力，每届戈赛 A 队队长都是长江的一面旗帜，"到了我这儿，不能给长江丢脸。荣誉感本就是要面、要脸的事儿"。

为了熟悉比赛路线，他和太太陈琬做了一件几近疯狂的事情：在戈壁滩住了一个月。他说：

这一个月来，最大的收获是破了心魔。跑过戈壁的老戈都知道，每个人在将近120公里的赛道上都有自己感觉崩溃的路段，而我们对战心魔的方法很简单，找出自己之前选拔赛当中表现差的路段，跑个三四遍、四五遍、五六遍，直到对这段路不怕为止。

最苦、最笨的法子也是最直接的。如果是拿GPS跑步，边跑边看导航，就会影响速度，在戈壁一月，两人反反复复跑了20遍，重点是复杂的路段。他们制订了难度不同的路线，然后在最怵的路线中反反复复地跑。当跑到第五次的时候，这个心魔就破掉了。

陈琬是长江戈赛历史上第一个自制GPS路线的女生。长江有个传统，外聘一个人提前探路，一一打卡，收集信息，最后汇成导航图。但这里有个小错位，男生和女生奔跑有差异，遇到要爬坡时，比如赛程中古凉州的山坡，男生喜欢攀爬直接翻越，但女生习惯绕过去，节省体力，曲线奔跑。这次，陈琬谙熟戈壁各个路段，自有心得，将导航图优化升级了一番。

正赛中，下公路桥时，如果绕大弯费时费力，长江戈友就直接从应急梯上冲下来。这个梯子是软的，人在上面时梯子抖得非常厉害，人很容易摔下去。"但我们认证过后，还是觉得这个风险值得一试。此举是全队发明的战术，只有我们长江人走，然后组委会就发现太危险了，于是把那条路封掉了。"

如何下梯子，戈友也演练了多次。先让一名男生上梯子，两名男生在梯子旁护卫，以防不测，如此女生们依次下梯。戈十二的单兴洲细心地提前扫除了台阶的细沙，防止脚下打滑，"几名女生在男生的呵护下，下梯子就像跳舞，很好玩"。

谭进、陈琬夫妇是中国企业家二代的代表，戈赛对于他们就像一个闯关游戏，他们不断打怪、杀怪，然后不断装补丁、填 bug，让这个系统达到最优化。大家都玩得很嗨，各自收获了很多。他们愿为荣誉而战，视戈赛为一个大派对，是创业的前奏，"我尽力了，就不会留遗憾。戈赛是事业的练习，或者说事业是戈赛的练习，两者其实并不是一个矛盾的关系"。

戈十二竞技组的负责人饶南评价说："谭进是一个价值观很正的人，他的三观很正，这个特别重要。**跑步速度很重要，但这不是当队长的必要条件，队长的作用是掌舵 A 队这艘船，使它不要跑偏，价值观才是戈十二组委会考察队长的第一要素。**

"谭进是一个非常有创造力的人，他对于新生事物都具有很强的学习能力，有非常令人震惊的钻研精神，知识面也非常广泛，真正从技术角度去研究和解决问题。"

当然，谭进"还有一个这么好的媳妇，这是重大的加分项"。选一个队长，等于选了两个人的智慧组合。

戈赛秒时代之战

戈十一是长江参赛人数最多的一届，在所有院校中名列第一，有近 300 人，这是长江人向往戈壁的象征。这一届，长江与上海交大安泰经济与管理学院贴身肉搏争夺冠军，以 2 分 37 秒惜败，而单论最后一天的成绩，长江绝地反击，超了对手近 6 分钟。在两天落后的状态下，仍不屈不挠地竞技，这就是长江企业家的不服输精神。这是戈赛 11 年来唯一一次到最后一刻，才决出冠亚军，而季军与冠亚军的成绩差距在半小时以上。

戈十三则是新一轮戈壁竞技时代的开端，标志是 3 天的冠亚军之争竟以秒计，难怪众戈友惊呼：戈赛进入秒时代。长江戈十三组委会的罗德曼参赛无数，也不禁感叹："戈十三是我这辈子经历过最激烈、最精彩的赛事。"

长江戈十三 A 队队员无香回顾了整场赛事。

戈十三，长江商学院派出了 6 男 4 女组成 A 队，上海交大安泰经济与管理学院则为 5 男 5 女，双方实力旗鼓相当。从队员平均年龄来看，长江 40.7 岁，上海交大 41 岁，上海交大略占减时优势。从排兵组合方式来看，上海交大也占优。

5 月 3 日，正赛第一天，比赛距离 31.5 公里。上海交大作为戈十二冠军，第一个出发，长江 30 秒后出发。

长江采用前队 2 男＋后队 4 女的战术，6 人平均年龄 41.8 岁；金大班作为替补在出发时紧随前队，21 公里红牛补给站时下撤等待后队。而上海交大则打出了 1 男＋5 女的最优年龄组合牌，6 人平均年龄达到了 43.8 岁，比长江多减时 2 分钟。

赛前，女队员魏雪燕意外受伤，长江的 3 名男生从一出发就开始跟随后队负责拖带。前 21 公里，前后队均按照既定配速前行，到达红牛补给站时，长江前队的 2 名男队员凭借出色的发挥，已成功实现反超；后队也一直紧随上海交大进站打卡。

补给站之后的 10 公里，经过峡谷和水渠路段，比赛更加胶着。前队栾叶茂意外地出现腿部抽筋，魏军奋力拖带，但配速还是受到影响，被上海交大前队追回并将差距再度拉大至出发时的 30 秒。

峡谷中，由于路面崎岖狭窄，拖带相对困难。但长江队员丝毫没有懈怠，后队男生尽全力保护受伤女队员，紧紧咬住上海交大后队。进入水渠路段后，竞争更加激烈，两队队员几乎穿插交织在一起奔跑，难分伯仲。到达终点时，两队净用时仅 2 秒之差。

尽管长江净用时快 6 秒，但由于年龄上的显著优势，上海交大减时后领先长江 1 分 54 秒。

正赛第二天，比赛距离 32.5 公里。上海交大作为第一日的胜出者，继续领先 30 秒出发。

由于女队员魏雪燕伤势加重，长江不得不换用前队 3 男＋后队 3 女的战术，6 人平均年龄 41 岁；而上海交大也由于 1 名女队员在正赛首日的激烈比拼中消耗过大而无法继续进入 6 人战队，所以改用前队 3 男＋后队 3 女的战术，6 人平均年龄 42 岁。

第二日的赛道在 3 天正赛中距离最长、难度也最大，万人小道崎岖蜿蜒，难以拖带。长江的 3 名男队员齐心协力 2 拖 1，再次成功实现反超，在距离终点最后一公里处，追上上海交大并领先 50 秒到达。

长江后队在出发的前 3 公里，实现过一次反超，上海交大紧随在后，两支队伍先后抵达 21 公里处的红牛补给站。这次，虽然强制要求休息 5 分钟的时间，但长江后队只停留了 3 分钟便提前出发进入万人小道，上海交大见状也立刻出站紧随，两队继续紧咬不放。进入风车阵，双方队伍一度因为路线不同而分开，后又再度在沟渠中汇合，上海交大稍稍领先，长江奋力追赶。最后几公里，负责拖带的 2 位男生由于第一天帮助魏雪燕消耗过大，先后掉队，剩下队长金大班和 3 位女队员互相协助，咬牙拼过终点。

这一天，长江净用时快 50 秒，但再次由于年龄上的减时，输给上海交大 10 秒，两日累计落后 2 分 04 秒。

正赛第三天，比赛距离 22 公里。上海交大再次领先出发。

往届的戈赛，冠亚军之争到了正赛第二天结束时便已一目了然，而戈十三却让悬念一直保持到了最后一天。两支实力相当的强队，为了荣誉而战，丝毫没有给对方喘息的机会，铆足干劲准备比拼到最后一刻。

长江继续采用前队 3 男＋后队 3 女的战术，金大班代替李斐进入前队，6 人平均年龄 42.8 岁；上海交大也依旧是前队 3 男＋后队 3 女的战术，6 人平均年龄 42 岁。这是 3 天正赛中，长江年龄唯一占优的一次。

第三日的赛程始终是缓上坡，前半程较平坦，后半程多起伏。长江的 3 名男队员继续齐心协力 2 拖 1，并再次绝地反击，成功实现反超。冲刺瞬间，前队灵魂魏军怒吼着冲过终点，眼含热泪。

3 天正赛的成绩是：上海交大安泰经管学院 6 小时 31 分钟 35 秒，长江 6 小时 33 分钟 33 秒。这是戈赛史上冠亚军成绩最接近的一次，也是戈赛史上首次总用时进入 7 小时。

长江 A 队男队员陆泱在第二日正赛中，完成后队拖带任务后又返回去接受伤队友魏雪燕，来回奔跑了 57 公里，3 天正赛总计距离近 140 公里，创下戈赛史上之最。

长江A队女队员魏雪燕，昵称燕子，她带伤出战，正赛第一日为团队拿下宝贵一分，第二日、第三日继续带伤完赛，分别用时8小时20分和5小时20分，创下戈赛史上之最。

4次冲A的万凌，戈十三披着A队战袍，3次落泪。正赛冲刺时，他的心跳第一次达到每分钟199次，这个心率震撼了他，他哭了，这一次是为他自己。长江B队队员扯起大旗，站成人墙，遮烈日，挡风沙，斯时斯景，硬汉子万凌热泪滚滚，这一次是为队友。

在正赛第三天中午，战鼓渐歇，号角已停。蓄须明志的戈十三组委会成员罗德曼在帐篷下，默默地吃着羊肉面条，念队友燕子折翼大漠，念戈十三A、B、C队的相亲相助，念这一年长江组委会与A队队员的辛苦磨砺……他心头一紧，热泪滑落，渗透胡须，滴进盛面的粗碗，万凌正在一旁，此情此景，他的热泪又一次溢出。这一次，戈友的热泪为长江而流。

赛后，厦门大学的戈友著文写道：

> 致敬长江，一切情况下都敢于亮剑，面对顶尖强队，长江用6个字在回应：不要怂，就是干。在规则范围内可以穷尽一切手段，比如创造性推出绕过骆驼刺的长江大道；在规则边缘，长江选择遵守规则，长江队员燕子两天拄拐，坚持走完全程，力保第一天成绩，这种坚守是一个战士的最高荣誉。

C的目标只有一个，就是拿回最佳风范奖

2015年，户外品牌思凯乐的创始人曾花入读长江，认识了戈十一的主

帅王华锋和北京训练营的马春美，自此与戈赛结缘。

戈十一，长江戈赛开始有宣传体系。当时，微信群里讨论最多的是训练与技术，对外没有一个系统的宣传策略。应戈十一组委会的委托，曾花担当宣传官，塑造长江戈赛的品牌。她从公司特意抽调了一位编辑，陆续刊发了 56 篇文章，几乎是一天一篇，先是广征戈友的稿件，后经编辑润色后一一推出。朱睿教授赞曾花为"花主编"。

戈十一，曾花走 B 队，但凡有赛事新动态，她都会奔跑十几公里，冲到营地，撰写赛事速递，传予公司编辑，稍作整理，刊发传阅，激励了广大戈友。

戈十二换届，有些波折，老戈们对戈十二多有意见。曾花与登彪是一个战壕里的战友，率性的曾花说："戈十二，我们竞选失败，要正视这一点。"

2017 年春，戈十二组委会的王凯和罗霆力邀曾花带领 C 队，说"全部由你来管，我们不插手，相信你能带出一支不一样的 C 队"。

曾花接手 C 队后，报名已经月余，共有 70 人左右。曾花在群里呼吁，当天 C 队队伍就增至 200 人。她征询了一些老戈管理 C 队的经验，但未得其法，有的老戈建议 C 队分组，但这样会让"不熟的人在一起，我认为熟悉的人应该在一起"。戈赛只有三四天时间，但活动多、行程长，团建的时间太仓促，不利于沟通。

戈十二 C 队分组，熟悉的人同在一组，先选中队长，后选小队长。戈赛 3 个阵容，目标各有不同，A 队竞技，争夺冠军；B 队全程体验，剑指沙克尔顿奖；C 队是追逐最佳风范奖。自首届戈赛以来，长江参加十一载，获得四届冠军，B队也屡屡获奖，唯独最佳风范奖落空。

风范奖评选队伍由媒体、志愿者、各院校领队共同投票决定，其评选标准很宽泛，C队的团队距离、精神面貌、待人接物等，都是衡量的一部分。

长江的C队人数多，每届几乎都是所有参赛院校里规模最大的，人多、个性又足，颇难统筹管理。到了敦煌，在C队出发前的培训中，曾花说："C的目标只有一个，就是拿回最佳风范奖。"

很多老戈摇头，不以为然。一位戈友当众泼了冷水："花花有热情，我们赞成，但最佳风范奖是不可能的。"

曾花交叉双手，又迅速分开，两臂前挥，说："不行，我们必须拿回最佳风范奖。"后来，她自己回忆，那一刻并没考虑太多，也不怕得罪人，心无杂念，才能专注于一个目标。

曾花撂下狠话，提醒各位中队长、小队长，"在戈壁，你们是长江最优秀的同学，如果这次不能带领自己的小分队赢得荣誉，我曾花不相信你的企业有多好"。

在这次赛前训练会上，曾花抛出了许多很刺激、激烈的言语，丢给现场的戈友，激发其斗志，唤醒其决心。她说："那一刻，我就像一朵戈壁上的花，热烈地绽放着。"当时在场的C队队员都目睹了曾花的决心，点赞说："花花那一刻特帅。"

一个真正的创业者最大的特点是，直面冲突，直面困难，这样才能达成目标，赢得荣誉。如果不具备这种企业家精神，他就会绕个弯、打个哈哈搪塞过去，或者躲开冲突、避免冲突。

在出征仪式上，曾花同样誓言凿凿，表达了明确的意愿：不拿下风范奖绝不甘心。晚宴上，她与每一个戈友举杯相庆，说的也是同样的祝福，"一个组织者、一个领头人，无论队伍怎样，都要有一种强烈的荣誉感，有一种使命必达的信念，而且要把这种信念特别清晰地传达到团队的每一个人"。

完赛后，颁奖前，王凯和彭一峰两人在不同时间、不同地点给曾花打预防针："花花，你尽力了就好了，但风范奖就别想了，长江人个性太强，素来难管……"曾花侧脸回答："不一定，我感觉有希望。"

当主持人朗读最佳风范奖获奖名单时，在场的戈友们屏息以待，听到"长江"俩字，整个广场就沸腾了，许多人哭了，曾花流下热泪："我对这个奖项的期盼是高于其他人的，最佳风范奖不独由 C 队拥有，而是整个长江戈友的形象展示。"

"

一个真正的创业者最大的特点是，直面冲突，直面困难，这样才能达成目标，赢得荣誉。

"

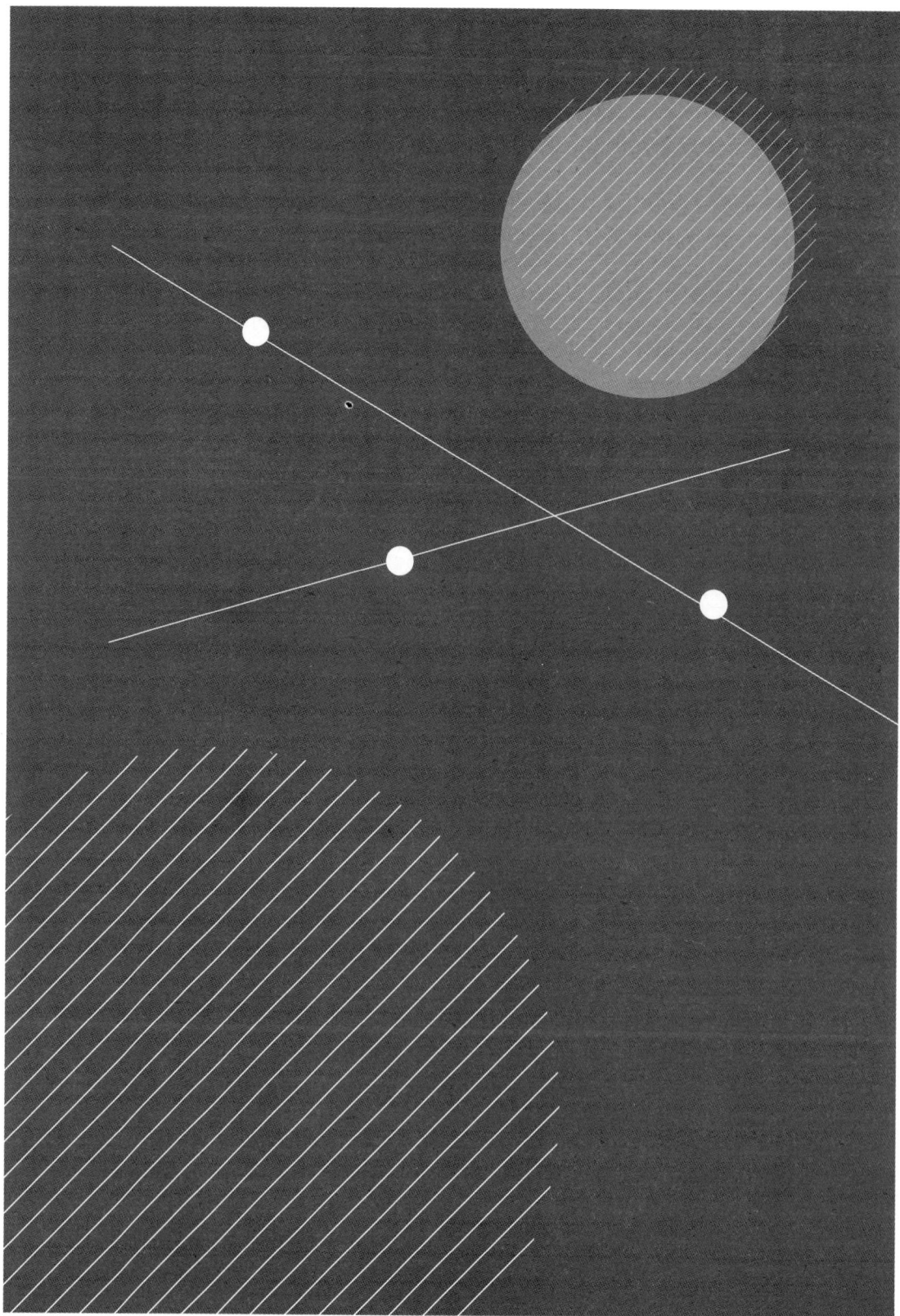

第四部分

以终为始，不忘初心

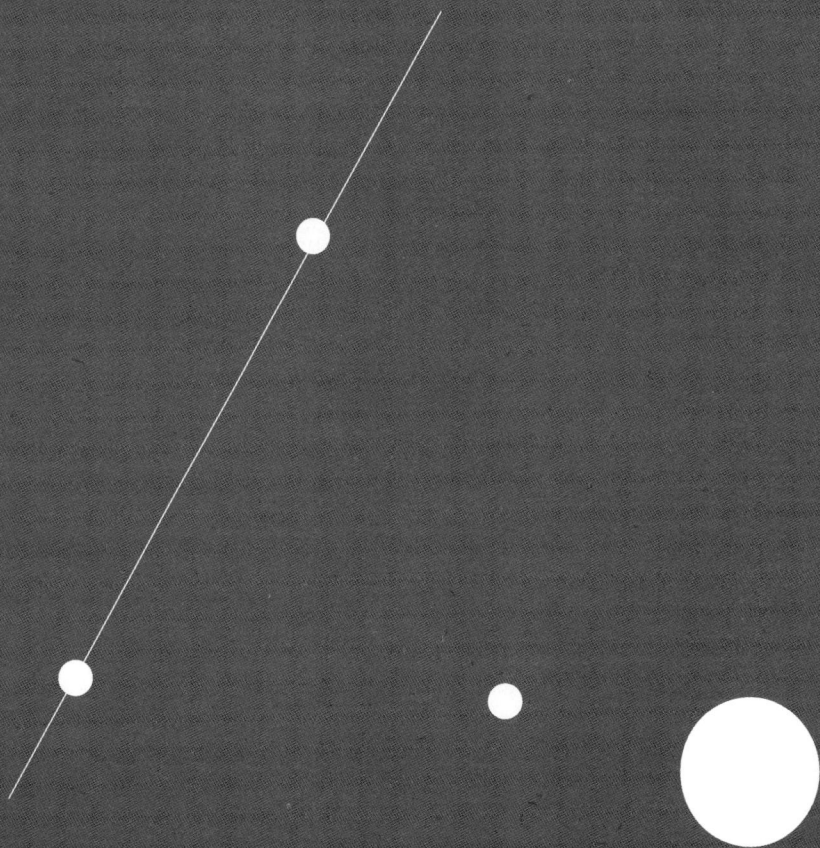

从长远来看，社会和环境问题与经济休戚相关，如果企业不能解决社会、环境问题，就无从掌握经济的长期效益。国际间多项重要的企业排名也已将企业社会责任、永续经营列入企业竞争力的一环，并逐步拉高这些项目的评分占比。

在参加商学院戈壁挑战赛的过程中，长江同学将长江一直以来倡导的以商业模式做公益的理念学以致用，做到了找到自己的竞争优势、寻求合作，以及可持续发展。他们发起"善果枸杞"项目，在帮助农户销售枸杞的同时，还帮助农户生产者创造新的机会，授之以渔，推动当地枸杞产业的可持续发展。以此为起点，"善果枸杞"模式已经被复制到黑龙江、陕西、江西等地区，实现了公益模式的新突破。

企业社会责任与永续经营的历史重任，要求商界精英们成为有社会担当的人，学会用长远的眼光、可持续发展的视角，来成就更大的事业，并对社会问题的解决贡献力量。

朱睿

明尼苏达大学商业管理博士

长江商学院市场营销学教授

12

唯有出发，你才是赢家

我们真的是追求一种打败对手的快感吗？No！我们追求的是在强劲对手面前不甘示弱的勇气，是面对武装到牙齿的、近乎专业的选手，敢于亮剑的精神！我们要感谢我们的对手，是他们激发了长江人的斗志，这就是长江人不朽的精神和高贵的品质！

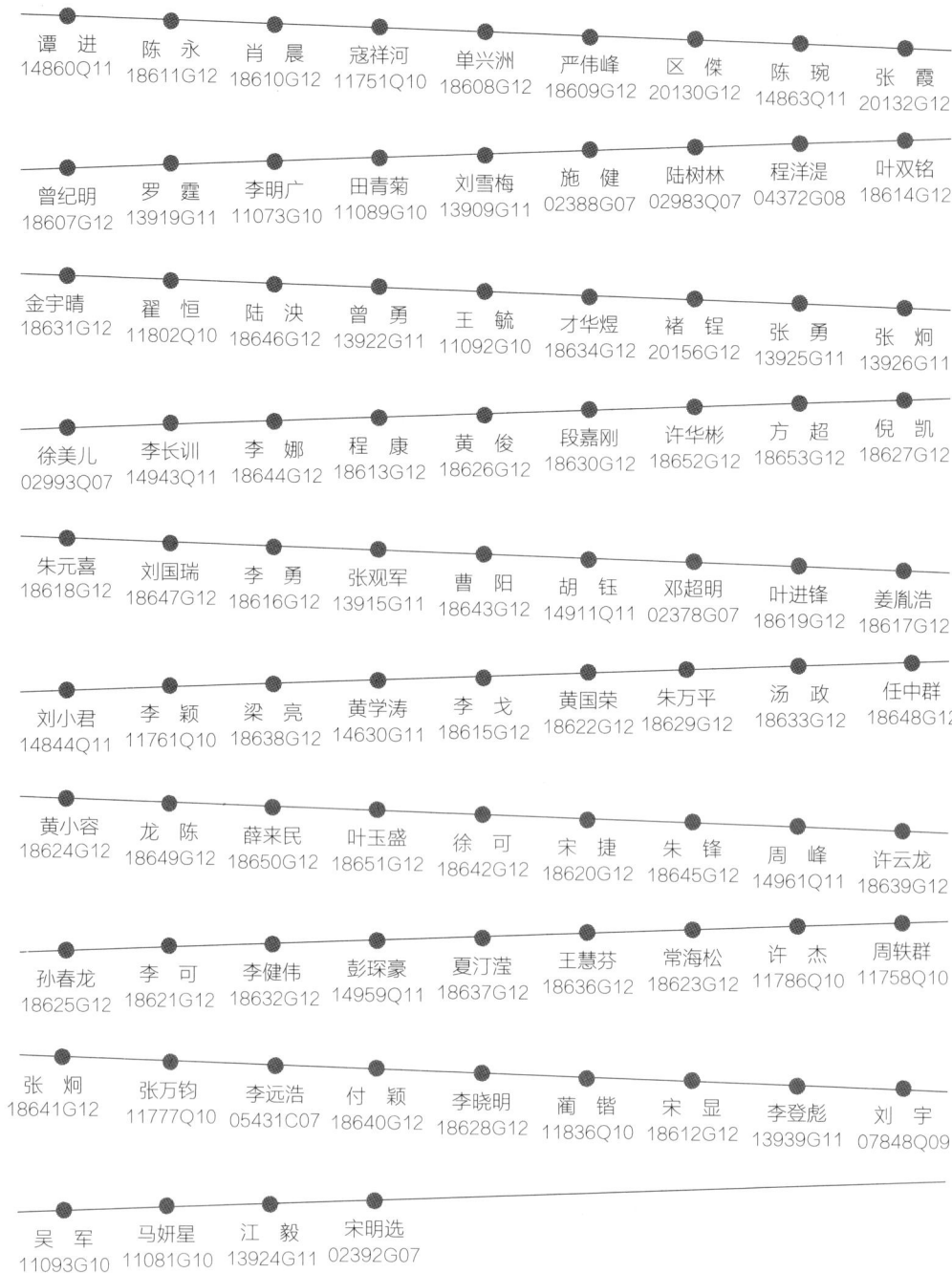

谭 进
14860Q11

陈 永
18611G12

肖 晨
18610G12

寇祥河
11751Q10

单兴洲
18608G12

严伟峰
18609G12

区 傑
20130G12

陈 琬
14863Q11

张 霞
20132G12

曾纪明
18607G12

罗 霆
13919G11

李明广
11073G10

田青菊
11089G10

刘雪梅
13909G11

施 健
02388G07

陆树林
02983Q07

程洋湜
04372G08

叶双铭
18614G12

金宇晴
18631G12

翟 恒
11802Q10

陆 泱
18646G12

曾 勇
13922G11

王 毓
11092G10

才华煜
18634G12

褚 锃
20156G12

张 勇
13925G11

张 炯
13926G11

徐美儿
02993Q07

李长训
14943Q11

李 娜
18644G12

程 康
18613G12

黄 俊
18626G12

段嘉刚
18630G12

许华彬
18652G12

方 超
18653G12

倪 凯
18627G12

朱元喜
18618G12

刘国瑞
18647G12

李 勇
18616G12

张观军
13915G11

曹 阳
18643G12

胡 钰
14911Q11

邓超明
02378G07

叶进锋
18619G12

姜胤浩
18617G12

刘小君
14844Q11

李 颖
11761Q10

梁 亮
18638G12

黄学涛
14630G11

李 戈
18615G12

黄国荣
18622G12

朱万平
18629G12

汤 政
18633G12

任中群
18648G12

黄小容
18624G12

龙 陈
18649G12

薛来民
18650G12

叶玉盛
18651G12

徐 可
18642G12

宋 捷
18620G12

朱 锋
18645G12

周 峰
14961Q11

许云龙
18639G12

孙春龙
18625G12

李 可
18621G12

李健伟
18632G12

彭琛豪
14959Q11

夏汀滢
18637G12

王慧芬
18636G12

常海松
18623G12

许 杰
11786Q10

周轶群
11758Q10

张 炯
18641G12

张万钧
11777Q10

李远浩
05431C07

付 颖
18640G12

李晓明
18628G12

蔺 锴
11836Q10

宋 显
18612G12

李登彪
13939G11

刘 宇
07848Q09

吴 军
11093G10

马妍星
11081G10

江 毅
13924G11

宋明选
02392G07

戈九长江大获全胜，回归日那天，气氛热烈，许多长江同学受到感染，其中就有饶南。

饶南和衷存皇是江西老乡，长江选拔种子队员时一般先从同乡入手，"杀熟"是惯用路数。2014 年 6 月，长江江西校友会举行迎新活动，主题是"共聚迎新话戈友"，戈九的主力存皇、冯平等人纷纷到场，一一分享，播放了各种热血的 PPT。新同学们情绪高涨，挽袖子、拍桌子发誓要上戈壁。会间，存皇把他的冠军队长领跑衫套在饶南身上。后来，每当饶南在赛道筋疲力尽之时，总会想起那件领跑衫，这让他继续坚持下去。

2012 年 8 月，在南京高淳举办戈十热身赛，饶南跑了一个 17 公里男子第一。存皇眼睛一下子就亮了，瞅着饶南，好像捡到了宝，鼓励饶南继续冲 A，对他说"夺冠需要你"。

同时被"忽悠"的还有吴军，他的偶像是美国篮球巨星罗德曼，所以取了个网名叫罗德曼。有一次，他参加其他商学院的戈赛分享会，A 队队员面对新人有些骄矜，"跑步一哥"罗德曼不服，觉得他们3天才跑100多公里，还好意思坐在台上吹牛？跑步就是一项爱好，如果单因跑步本身而自大，此人定是无知，生命长河丰富多彩，大家总是各有所长，各有所短，只不过比别人跑得快一点，这有啥牛的？

这时，存皇出现了，游说罗德曼加入长江，说戈赛这事儿很划算。

罗德曼反问："凭啥划算？"

存皇说："来长江，结交一帮兄弟姐妹；上戈壁，结交一辈子的兄弟姐妹。这等好事，哪里去找？"

当时，罗德曼还在上海交大与长江之间做入学选择。起初，他两边都在跑。上海交大和长江是劲敌，按照常理，存皇等人应对罗德曼有所保留，但他们偏不，长江戈友开放包容，将训练计划全盘托出。存皇本人没有其他商学院A队队员惯有的傲娇，他所惦记的是，如何组织10个同学一起打一场难忘的比赛，赛后如何继续延续深刻的友谊。

各家商学院的教学方式不同、理念不同，但长江校友的性情与精神特质吸引了罗德曼。罗德曼是地产基金的高管，按惯例就读中欧更合适，因为中欧的同学大部分是职业经理人，长江则以民营企业家为主。但罗德曼希望多与企业创始人交流，他认为这样才有提升的空间。有的人选择商学院，是为了选择相同职业的群体，但不同的性格也会影响人选择不同的院校。

饶南虽然在南京拿到了男子17公里第一名，但他对跑步并无多少认识，他依然延续着踢足球的爱好。存皇几次邀请他参加训练，都未能成功。存皇爱才，看到了饶南的潜力，千方百计地"忽悠"饶南。饶南说："踢足球多带劲啊，傻乎乎地跑到底是为了啥？你这么折腾，到底图个啥？"存皇说：
"我就想拿到冠军。"

顶得住，熬下去

戈壁挑战赛有个 6 字主旨关键词：理想、行动、坚持。有理想不难，
有行动也不难，难的是坚持。一个人走多远，往往取决于是不是能够坚持。
跑步是一件很枯燥的事情，随时都会让人想放弃，特别是到了最后，伤病
在身，工作、家庭的压力纷至沓来，仅仅为了赛事本身，你将无法坚持。
如果你不仅仅为了一个冠军而跑，而是为了队友，为了支持你、鼓励你的
人而奔跑，就会更容易坚持。

> **有理想不难，有行动也不难，难的是坚持。**

戈十有个励志的榜样叫刘宇，刘宇的体育基础不好，自戈九以来，一直冲 A。戈九、戈十两次落选 A 队，但他从未放弃，后来入选戈十一 A 队阵容。通过跑步，刘宇几乎换了一个人，过去吸烟、喝酒、应酬多，体重 85 公斤，冲 A 的他精神抖擞、锐气十足。

饶南拿了那次冠军后的两个月内，训练都很刻苦，成绩突飞猛进，超越了戈九 A 队的最佳成绩。但是，凡事都是有规律的，饶南的训练时间毕竟才数月，整个身体没有完整经历过一个重塑过程，只是因为拼搏精神才拉动了成绩，曾朝恭教练评价：实力没到，硬生生拼出来的成绩。

2015 年秋，在武汉田径场，饶南和同学们一起跑步，跑后脚踝疼痛。第二天晨跑，跑了两公里，他痛得龇牙咧嘴，脚都无法着地了。回到上海，寻医问诊，效果甚微。临近 10 月份的首次白沟选拔赛，饶南央请队医，为脚踝打了绷带去参赛。结果，32 公里花了 2 小时 35 分，跑出了第三名。赛后，饶南的脚几乎废了，当天的颁奖晚会，他穿着拖鞋，在同学的搀扶下才瘸着上了台。

回到上海后，饶南但凡跑过一公里，脚踝就痛，无法继续，蹊跷的是，查来查去，找不到症结，扎针、按摩、敷药都无济于事。每次在田径场上看大家跑步，刚刚从央企辞职、决心冲 A 的饶南就很是惆怅。有的队友说："你一定要跑，所有的伤都是跑好的。"有的说："你都这样了，还跑什么，赶紧去治疗。"众人意见不一，饶南的冲 A 之路就这样卡住了，停止训练了两个半月。

在饶南最迷茫的时候，戈九 A 队的康凯发挥了重要作用，同学昵称他为"热水瓶"。戈十期间，衷存皇的精力主要放在了组织层面，策划活动、寻找赞助，康凯的热心周到不负"热水瓶"的美誉，润物细无声，他总是在同学最困难的时候出现，陪伴你、鼓励你，帮你找到解决难题的法子。他想方设法为师弟饶南问诊，多方辗转，在一家中医世家诊所找到了病由，原来根不在脚踝，而在小腿，小腿的一根肌肉的末端直接连着脚踝，所以小腿受伤，牵连到了脚踝。饶南每次问诊，康凯必到，出谋划策，对病情的熟悉程度超过了饶南本人。

找到症结后，饶南的脚踝渐渐恢复，开始恢复训练。

张霞是长江商学院 EMBA 十一期的校友，来自浙江广厦集团。每年的 11 月 11 日都是班级活动日，毕业后基本没参加过活动的张霞在走完工作上阶段性里程的间隙，来到深圳参加聚会，也正是那一天，改变了她的生活轨迹。

和往常一年，聚会上大家都闹着喝酒，但明显的是，大家都开始注重身体、注重健身，酒已经少喝了很多。晚会上有一个环节就是，分享跑步。

彼时，张霞已经在微信朋友圈中看到有很少一部分同学开始跑马拉松，她的内心除了崇拜，剩下的还是崇拜。知名的跑步达人田同生老师上台演讲，张霞看到一位身材消瘦、精神矍铄的长者，宣称要跑 100 个马拉松。[①]张霞此时连马拉松有多少里程都不知道，只是觉得听上去很厉害。随后，一位大腹便便的同学说他也在备战马拉松。张霞寻思：天哪，他都能跑马拉松，这么胖怎么跑，怎么可能完赛，他确定是跑下来，不是坐车坐下来

---

① 田同生在跑圈内的称号是"田老师"，他积极推广马拉松文化。目前，他已经完成了 100 个马拉松的目标。他与女儿田十川的跑步绘本"百马人生"系列已经由湛庐文化策划，浙江人民出版社、北京联合出版公司出版。——编者注

的吗？她满脑子的质疑、不相信。

同学们劝张霞也加入跑者行列，带着几分酒劲，张霞想，人家都要奔60了还跑，那个这么大肚子的也跑，自个儿应该没问题吧，好歹自己比他们年轻，比他们瘦，优势还是有点明显的吧。于是，她就回了一句："那我也跑。"

张霞回杭州后，还有人在微信上盯着她，迅速把她拉入班级跑步群。加入跑步群也不可怕，关键是她跟着大家报名了厦门马拉松的半马，但她是跑步小白，一步没跑过。这样的她竟然敢报名半马，可见班上有多少"忽悠"高手。张霞也算"女汉子"，没学会耍赖撒娇，只能问各路高手装备清单，默默买好装备，跑呗。

张霞先在小区开练，绕着小区外围跑，一圈两公里。跑完一圈，她觉得自己快死了，肺似乎出血了，满口的血腥味。挣扎着回到家，她对爸爸说："我先回房间休息10分钟，如果不出来，一定要进来看我，不行就打急救电话。"

张霞缓了很久，喝了几杯水，血腥味少多了，能坐起来喘匀呼吸了。天哪，才跑了两公里就这样了，怎么跑半马呀，什么时候才能跑全马呀？她第一次意识到自己身体的薄弱。不久，戈八A队队员程洋湜联系张霞，他约了几位师弟一起跑步，想让大家一起跑，有些男女搭配跑步不累的意思。慢慢地，她养成了每周跑步两三次的习惯，最终挺过了厦门半马。厦门半马没有芯片，成绩表需自己填写，作为菜鸟，张霞在厦马现场受到了刺激。于是，她继续奔跑，直到冲进了戈十二A队。

彭烨是长江商学院EMBA十三期的校友，和刘子良一期。

2012 年 4 月，重庆北碚的樱花正灿，戈八的几位种子选手赴渝参加马拉松，由重庆校友会接待。彭烨，昵称 QQ，她是重庆的政府公务员，那年认识了戈八的主力朱小丹。来自上海的小丹温柔恬静，是 3 个孩子的妈妈，轻轻松松就跑了个马拉松，震住了 QQ。QQ 于是下了一个决心，先跑个 10 公里试试，从迷你马拉松起步。

平刚是 QQ 的戈赛启蒙者，第一次陪跑时，预期目标是 3 公里，没想到 QQ 跑开了，呼呼啦啦地跑了 11 公里。平刚一看，行啊，对她赞不绝口，到处宣扬发现一个 A 种。从此，彭烨和戈赛结缘。

戈九的时候，QQ 离 A 队很近，终极选拔第一天，她有一个要紧的会议要参加，与选拔冲突，于是没有参加选拔，与戈九擦肩而过。回渝的飞机上，她和陶荣商量了一路，两个人议定要把华西站撑起来。后来，戈十一，华西站为长江贡献了两个 A 队队员，也就是"双江组合"：江毅和廖江闽。

戈十，QQ 参加了 B 队。过去的规定是，走了 B 队，就不能冲 A。戈十的时候，她状态很好，但没有冲 A 的资格。两年后，到了戈十二，规则放开，B 队队员可以冲 A，QQ 开始认真备战。

哪知，从头来过比零起步还要难。因为，你会与过去做比较，总觉得回不到原来的状态。她理解了跨栏明星刘翔的处境，原来，运动员的复出比从零开始还要难。

QQ 把过去受过的伤重新受了一遍，另外附带着种种新伤。她心里困顿，否定自己，感觉怎么跑都跑不出来，每次选拔都在暗地里叹息。

到了戈十三，华西站配备了一位专职教练，天天带 QQ 训练。QQ 的成绩一点点涨起来，欣喜的是，配速也获得了很大提升。准备戈十二时是练得苦，心里也苦，当时心焦，冲得厉害，一直在顶，但成绩欠佳；到了戈十三，练得也苦，但心里笃定。教练有教练的观察，QQ不同于新手，也过了巅峰年龄，一直冲、一直顶反而于事无补，这样身体恢复起来也慢，所以不如压着跑，留有余量，先找到感觉，信心也就有了。这一年，QQ的成绩提升非常明显。然而，又一次阴差阳错，戈十三长江的A队标准，与以往相比提升不少，终极选拔前，QQ算了算，理论上自己就没有入选空间。

戈十三新增了一个A＋项目，但参加A＋她想都没想过，因为觉得不可能。一般的100公里赛事，她需要25小时才能完成，但在戈壁上，A＋组需要在20小时内跑完114公里，还要自补给、自导航，这简直是自虐。

戈十三A队名单公布后，一个早晨，起床后，QQ特别伤心，泪落成串，她认同组委会选A队队员的标准，只是对于自己这几年与戈赛的机缘，她想有个总结。巧的是，戈十三新增了A＋项目，这条路线，她在选拔赛中跑过，B队也体验过，但还没完完整整地比赛过。她有些犹豫，询问罗德曼，罗德曼说，好啊，这样不留遗憾。报名截止前几分钟，QQ提交了申请。

这个底气，源于戈十三的选拔。过去，长江戈赛，女生选拔都有人陪跑，到了登彪主持的这一届，砍掉了这个惯例，没人陪跑，女生需要学会使用GPS导航。有段时间，QQ挺"恨"登彪的，说这太不像话了，怎么扔下女生，让我们一个人在戈壁滩上跑？

本事都是逼出来的，如果跑A＋不会GPS，简直就没法活下来；会用GPS，会矫正，会换电池，才是越野的第一能力。

报名之后，QQ 且害怕且恐惧，几个晚上睡不好，特意挑了 5 月 2 日来敦煌，此时，大部队已出征，恰是开赛前的宁静时分。早到，人会过分兴奋，反而不利于比赛。

到达酒店，正值早餐时分，QQ 遇到戈十三 C 队大队长范宇。她们相识于戈九。

范宇说："QQ 姐，你一定行的，你总是对自己没信心，你已经很强了，一定要告诉自己能行。"

这句话鼓舞了 QQ。在 A＋的 CP4 路段，关门前的 3 分钟，QQ 跑了过去，没有这一点心理上的支撑，根本不行。到最后最难的时候，QQ 是走 50 米，跑 50 米；或者走几步，略缓一下，继而开跑，心里默念到 60，坚持到 60，然后停下来休整一下，周而复始。数到 60 其实不过跑了 30 米，但她就是这样一步步、一点点挺过来的，坚持就是坚持，不到最后一刻决不放弃。

如果没有这个心理建设，不要上 A＋，QQ 报的是个人项目，一个人在戈壁熬太可怕了。如果没有过去多次冲 A 和参与 B 队的经验，不要轻易上 A＋。人须知轻重，对戈赛也须有敬畏之心。

盲目的坚持也无益，跑戈壁不是单纯的斗勇拼狠，坚持也要有策略。多次上戈壁的经验救了 QQ。第一天早上，戈壁清冷，穿着冲锋衣尚觉寒瑟，QQ 禁不住发抖。她马上将魔术面巾裹住头部，避免因凉风从脖子里灌入而感冒。

A＋项目要求选手 20 小时以内跑完 A 组 3 天的赛程，每段赛程都有关门时间，到了截止时间，还没进入下一个关口，即为失败。

QQ 独行至风车镇，9 点的太阳高悬，戈壁滩上蒸腾着热气，眼看 10 点要封门，QQ 甩掉了冲锋衣，裹着面巾防晒，调整行装，冲到了下一段。

到了营地，汗收体寒，QQ 寻来急救披风取暖。"这些都是细节，都是经验，没有这个，一旦感冒了，无法完赛。"

最难的是最后的 21 公里，此时体力已经透支。她说："我相信自己的能力，我有那么多冲 A 的积累，我能撑得住。撑得住、能坚持熬下去的前提是敬畏心，你对自己要有个理性的判断，如果能力不行，也不要蛮干。但有这么多的经验垫底，我对自己有信心，所以才能顶得住、熬下去。"

A ＋组共有 25 人参赛，但只有 9 人完赛，QQ 是女子个人亚军，奖牌上正面刻着一个"寻"字，背面是戈壁上独有的藻井花图案。她在思考，奖牌为什么单单是一个"寻"字？华西站两位发起人，QQ 是上海人，但在兰州长大，适应高原气候；陶荣在嘉峪关从戎，曾任炮兵连连长。他们来到戈壁，这是一次回归，也是心灵上的追溯。

重新找回自我

戈壁令许多人变回原形。商学院的同学在各个行业，已经达到了一个高度，好像没有什么可以继续挑战，在戈壁上跑一圈重新又找到了自我。中国的商界人士和西方不同，西方的商学院沉淀已久，中国的商界精英除了知识的积累，还需要视野和人文素养，而戈赛正好补缺了这一环。

大家在各自的商场、职场打拼奋斗，寻找的是什么？多次冲 A，加上这次跑 A＋，QQ 收获最大的是"坚持"俩字。

戈九的时候，陈超是女一号。离正赛还有 90 天时，陈超建议 QQ，每天在微信群里倒计时，自此，QQ 每天在群里打卡，发一段话或者传一则新闻，每天 6 点，数年不辍。很多戈友熟悉 QQ，即是通过她每天在微信群打卡的重庆跑将身份了解的。

坚持是最重要的戈赛精神。一件小事，如果天天做，长年累月地做，一直坚持，渐渐就会受到关注。坚毅必达，直到成功。

QQ 是直来直去、率性的一个人，她是文艺范，只是做了多年公务员，收敛了感性，多了几分理性；而现在的她，在戈壁找到了自己本真的内核。

戈九 A 队的康凯说，人的成长，是一个不断输出、沉淀、输入的过程。他创业多年，做企业、做老板，做公司的领导者，做行业的领先者，不断创新，这是一个不断输出的过程。通常来说，人会灯下黑，一个人在圈子里转啊转，却不知道自己的短板在哪里？所以要在外寻求输入，这样就会和别人产生一些思维的碰撞，在与高手对话时，甚至会颠覆自己的认知。"人最难的就是认知自己，这是很复杂的事情。这需要持续不断地去颠覆，哪怕不是颠覆，至少也是不断否定自己的认知，所以你要时刻问自己问题：'为什么我想的是对的？'"

康凯是一位沉潜的思考者，他问过一个深刻的问题：如果你在一家完全没有夺冠可能性的商学院，还会冲 A 吗？你还会这样刻苦地训练吗？如果是，原因是什么；如果不是，那又是为什么？

他一直在思考，目标和初心这两者之间是什么关系？有的时候，目标和你的初心之间可能是拧巴的。带着问题，他来长江学习，来到戈壁挑战赛，寻求输入，寻找答案。康凯说：

> A队的这些同学应该有一些共同的特质，当然，每个人对这种共同特质的理解会有一些小的偏差，但是，我个人认为是一种英雄特质。我为什么会来跑戈赛，当时入学长江，大家来宣讲戈赛，谈的时候，我其实有一种冲动，很多人都会有一种冲动，忽然激情满怀、一腔热血。

来戈壁竞技，是一种唤醒，也是一种点燃。康凯只是遵循了这种冲动，而且有意识地把这种冲动拉得足够长。多次上戈壁，作为A队队员参与过竞技，也作为兔子陪伴过队友，这些经历增强了戈壁挑战赛的体验，慢慢地，在戈壁的种种体验渗透到他的生活与工作。

在戈壁，康凯希望自己成为一个英雄，或者时刻为英雄主义所感召，每个人对英雄的理解不同，对英雄的定义也不同，他以为英雄是一个从自觉到觉人的过程。自觉是一个自我能力提升和自我修炼的过程，这个过程很痛苦，他为了这个吃了不少苦，但这是你的主动选择，所以要忠于自己的选择。

当一个人主动选择某个方向，自然也给了自己一个承诺。有些训练、有些折腾，别人觉得不可思议，但自己却痛并快乐着。

一杯水，盈满则溢，只有倾空以后，才能注入。归零是舍得，也是壮士断腕。在长江EMBA新生的拓展中，苍鹰重生的传说一直在流传。

老鹰是寿命最长的鸟，可以活到70岁。当它到了40岁时，遇到了中年危机，鹰喙已衰、鹰爪不坚、羽毛暗淡，这时的老鹰面临抉择，要么飞翔，要么坠落。它会义无反顾地飞到悬崖，以喙击石，拔掉鹰爪，自褪羽毛，百般痛苦的 5 个月后，鹰击长空。

有的戈友说，跑步令人上瘾。但康凯说，舒服，才会上瘾，但跑步的后半段，是一个很挣扎、很痛苦的过程，没有什么舒服可言。那么，为什么一定要去找这个痛苦呢，跑步会触发人的思考。人的成就不同，企业家如马云，也有他的焦虑，他的焦虑是企业大了，担子也大，自然责任也大。有时候，运动的意义，是不断折腾自己的身体，不断通过身体的不舒适来触发自己的思考，原来幸福是这么简单，自己原来已经拥有了这么多，这样就会拥有一种惜福感。

唤醒参与者英雄情怀的活动，一定要有 3 个因素。第一要有竞技因素，有名次、有输赢；第二要有团队，不能是一个人战斗；第三要有一定可控的风险性。3 个因素齐备，才会激发出人的斗志，才会彰显参赛者的人性光辉，也会考量出人性中多变的一面。戈赛就是这样一个竞赛项目。

然而，去戈壁奔跑不是简单说说而已，而是要有实际行动。

不来戈壁，不能体会身处其中的激情与碰撞；不来戈壁，不能想象 40 岁以后还会这样泪流满面；不来戈壁，不能理解这么多校友坚持冲 A 的执念；不来戈壁，不能明白你的能量超出你的想象；不来戈壁，不能知道茫茫大漠也可以缤纷多彩。总有一种力量，让我们泪流满面；总有一种理想，让我们生命飞扬。

阎爱民教授多次上戈壁，他说："我一直在反思我去戈壁的初心。那根本不是什么挑战大漠，没有人可以挑战大漠，大漠永恒，不需要也不接受任何人的挑战，我们在大漠面前是那么渺小。我们是为了挑战、砥砺自己。大漠成全了我们，让我们成为不同的自己、更完美的自己，和兄弟团队的比拼固然重要，但是我们真的只是追求一种打败对手的快感吗？No！我们追求的是在强劲对手面前不甘示弱的勇气，是面对武装到牙齿、近乎专业的选手，敢于亮剑的精神！我们要感谢我们的对手，是他们激发了长江人的斗志，这就是长江人不朽的精神和高贵的品质！"

长江的超团队精神

在长江有一句话：跑过茫茫戈壁，都是姐妹兄弟。没有入读过长江的人不懂，没有跑过戈赛的人更是无法体会其中深意。

在很多人眼里，跑步是一项极其自虐的运动，不但需要面对体能、毅力、信念的重重考验，而且要经受孤独感的折磨。张霞也曾认为跑步只是一种极其个体化、自我的运动，来到长江之后才发现，原来可以有另一种跑法，它温暖而鼓舞内心。

日剧《悠长假期》里，濑名的老师告诉他："你之所以一时无法突破，成为真正的钢琴高手，是因为你从未尝试为另外一个人弹奏。"其实跑步、人生又何尝不是如此？在长江跑步的这一年，张兆娟不再是一个人跑，而是和一帮兄弟姐妹一起跑，跑步成了一项团队运动。大家一起训练，一起突破，一起咬着牙向前冲，在这个并肩向前的过程中，大家的感情不同于一般的跑友或同学，更似亲人。

跑步，尤其是马拉松和更长距离的赛事，本是一件非常苦的事。而在长江，张霞体会到了跑步其实是一件很幸福的事，自己需要做的就只是跑。在这里，训练，有专业的曾教练；受伤，有万能的队医小杨；疲了累了，有兄弟姐妹的鼓励和打气；沮丧了，还有老戈友的肩膀、臂弯和鲜花；最重要的是，有似乎可以负责一切的组委会和后勤团队……

在长江跑步还有一个最大的幸福：只要你想跑得快，就有那么多"兔子"带你飞，比如 DVD、小卡、热水瓶、存皇、陈志平、力哥……这些大神都给新手当过"私兔"，这是一件多么幸福的事。

长江和其他商学院到底哪里不同？长江给你家的感觉，就像一个大家庭，给你传承、陪伴和成就。所以，冲 A 的过程，体现的其实是长江一贯以来的家文化。

在外界许多人的眼里，读长江就是来经营圈子的，读的是人脉和资源。不进围城，焉知围城为何物。这些年，发生了太多事，见证了太多人的蜕变，因为跑步，张霞得以见识少数人眼中真正的长江，领略"长江"二字的深意。

在一次电视栏目中，主持人让范宇挑选生命的关键词，一共有 8 个词语，范宇毫不犹豫地挑选了"朋友"这个关键词。她说："在我生命最艰难的时刻，陪伴我的是我的长江同学，是我的生死朋友。"

范宇参加了戈八整个选拔过程，每次选拔，她都是女子前三名，铁定是要进 A 队的。

云南抚仙湖拉练时，她突然感到眩晕，不明原因，天旋地转。从云南回来后，范宇带了一个全天候血压监控器，显示她七八成的时间都是高血压。

医生告诫她：不要去参赛，穿越戈壁，三天三夜，肯定不妥。

"其实当时我没有担心身体状况，我是怕影响我们的队伍，我真的晕倒在戈壁上了，别人还得把我拖回来。"三亚选拔的时候，范宇决定放弃比赛，大家很不舍，抱着她大哭一场。范宇陪队友去了戈八比赛现场，那几天同样牵动着她的心："我觉得他们拿到冠军跟我自己拿到没区别，我觉得自己一直在他们中间。"

戈八 A 队群建立后，范宇主动退出了；完赛后，大家又把她拉了回去，至今戈八 A 队对外都是十一人的队伍，范宇始终和大家在一起。

戈赛有一句流行语：走过茫茫戈壁，都是姐妹兄弟。戈八的口号是：先做姐妹兄弟，再走茫茫戈壁。

范宇和戈八的队友都是至交，和英偶、小丹都是闺蜜，这些朋友的感情连接无可替代。她说："我来长江，其实收获最大的不是学历，也不是有什么资源，而是一群可以共度下半辈子的朋友，这是从戈八获得的。"

戈八之后，范宇参加了戈九的几次选拔。2014 年 10 月，43 岁生日前后，范宇在北京地坛医院被确诊为恶性脑肿瘤，留给她的时间可能只有一年了。

范宇说："我至今都忘不掉当天的场景，病发那天，我的感觉就像是高血压一样，非常地晕，当时我还没有意识到可能会这么严重。"

随后，她几乎走遍了北京的各大医院的脑外科，也去了香港最好的脑外科医院，还考虑过到美国就医。

范宇肿瘤的位置处于语言区，如果手术稍有差池，有很大的可能就是失语，甚至半身不遂，也有可能连手术台都下不了。她本是央企干部、全国劳模，这个位置自带光环，身边不缺人、不缺朋友，但真正到有事的时候，无条件愿意帮忙的只有戈八的朋友、长江的朋友。

很多长江的同学说，范宇需要什么，我们就愿意去为她做什么。大家瞒着范宇建了微信群，专门讨论治疗方案。范宇说："我特别感动。我为什么在很多场合都要提到长江？我觉得外界有时候对商学院、对长江有一些误解，好像这就是富人的聚会、精英的圈子，其实长江的这种正能量基因一直都在。"

范宇生病的时候，几十年的同学、朋友纷纷消失了，等到范宇扛过了病魔，好多人又出现了，问长问短的，所以"真正的朋友、最真情的东西一定要过事"。

长江只有两种人，上过戈壁的和没上过戈壁的，两者真的不一样，仿佛有一种"基因"的差别。这个基因就是陪伴，这个陪伴的力量陪伴范宇战胜了病魔，也陪伴众多戈友挑战了自我。戈八的时候，B队的华帆是个100多公斤的胖子，四五个戈友陪伴他全程走过来，或帮他拿水，或喊加油，他也没有放弃自己，哪怕脚下全是泡，也竭力走到了终点。

生病以后，范宇去过许多景点，她说："我现在特别喜欢去原生态的地方，基本上都是没有人的地方，人在那种特别庞大的景观中就变小了。烦恼哪儿来的，痛苦哪儿来的？在城市中，你是自己的中心；在家、公司、人群当中，我们这些人都是中心。当你把自己当作中心的时候，烦恼就会很多，因为你每天关注的是自己，就有了我执的烦恼。

"我去过南极那么纯净的世界，那真的是美得让你炫目。南极的冰跟咱们平时看到的不一样，有各种各样的色彩，你前一秒还觉得它很棒，下一秒那块冰'咔嚓'就断了，就没有了。那个冰层形成了上千年、上亿年，在一秒钟内就断裂了、没了，那我们的每一件事还有那么重要吗？没有那么重要。现在，我每一天的笑点、泪点都特别低。人到戈赛终点会大哭、大笑，平时却都会紧绷着，为什么人在那个时候容易释放？自然会让你回归到最自然的状态，所以回归到自然状态也叫'回归到真我'。"

2016 年 10 月，范宇进行了一次全面的检查，肿瘤比 2014 年的检查结果整体缩小了 30%，这是一个奇迹。如今，范宇保持着 3 个月一复查的状态。

范宇后来认识了台湾职业泰拳手洪宏星，两人缔造了一段爱情佳话，联袂创立了运动健身品牌：呐呱。

2017 年春，范宇和先生全程穿越了内蒙古腾格里沙漠，这三天三夜比敦煌的戈壁滩还凶险。用她的话说就是："在沙漠里面行走的时候，茫然、孤独、无助，周围只有沙子、只有风，你就不会想痛苦和烦恼了，因为你把自己放小了，你的痛苦也就小了。就此，你会重新看清楚，你在自然界里并没什么。我现在跟我的病、我的肿瘤都可以和平相处，我觉得每个东西存在都是有它的原因的。"

跑完戈壁，跑赢爱的马拉松

EMBA 十九期的陆树林是长江公益的拓荒者，十几年来，他以一人之力防沙护林，在戈壁滩上营造了一片绿洲。

有一次，陆树林乘机回敦煌，从空中俯瞰，十余年的心血在偌大的戈壁中只是零星的绿色。

瓜州人经常感叹：种活一棵树比养活一个孩子还难。陆树林说："每一棵树就像一个卫兵，每一排林带就像一队卫士，守护着家园和绿洲。每当看到这一棵棵树，就像看到自己的孩子一样亲。10多年的努力和坚持，我自认为做了很多，很自豪。有一次在飞机快要降落时，我找到了这片绿，在高处看，她只有那么一点点……"

戈七那年，陆树林不再是一个人战斗。2012年5月24日，长江知行林落根戈壁，长江校友捐助资金30多万元，在240亩的戈壁上种下了杨树、梭梭、枸杞。有的校友带着孩子来到大漠，希望孩子们能和这片戈壁绿洲一起成长。后来，长江戈友倡导戈友基金会"戈壁之友"共襄义举，在几十家商学院发起倡议，参考公益基金的管理模式，助力陆树林的绿色事业。

戈九，长江戈友捐款筹建了一条水渠，号召同学们义捐，共收了42.195万元，这个数字恰是马拉松的赛程距离。后来，戈十二时，又捐资做了自来水入户工程。

有了林，有了水，才会有果。

甘肃酒泉瓜州县梁湖乡银河村地处戈壁，风沙肆虐，土地贫瘠。2015年，长江戈十戈友来到这里，触动很大。

朱睿教授倡导用商业模式做公益，其实，这个理论契合了政府产业扶贫的路子。宁夏枸杞驰名天下，殊不知瓜州的枸杞粒大、色红、肉厚，不输于宁夏枸杞，只是身处戈壁一隅，外人不晓。

戈友们一拍即合，成立了一个协作组。酒泉市政府委派专人对接，长江华南站的核心人物彭一峰深耕医疗行业多年，熟知枸杞的保健价值，他多次到瓜州，和农民沟通，探讨怎么销售，如何做质量控制，彭一峰是长江枸杞项目落地的先锋官。长江戈友铁三角之一平刚是知名的建筑设计师，项目组邀他来做品牌包装设计。戈友们为这个公益项目起了一个贴切的名字：善果。

在甘肃酒泉瓜州，当地村民年人均纯收入只有 2 300 元，绝对是贫困地区。他们唯一的活计就是种枸杞。长江校友去那里扶贫，不是单纯捐赠，而是研究如何去帮助村民销售枸杞，如何去打造他们的产业链。教授和学员共同设计这个项目，从种植、质量筛选到包装、销售，整个一条龙的策划。

朱睿教授介绍，一个经典的公益项目需要 3 个部门的合力：其一政府公共部门，其二私营公司或企业，其三专业的公益队伍。三方要合力来解决问题。其实，任何一个复杂的社会问题，只靠政府、靠企业或者靠公益组织是很难去解决的。所以，善果枸杞这个项目把这 3 个部门做了一个整合。

合力之外，还有社交网络的助推。善果项目登陆腾讯公益，凸显微信群和朋友圈里爱的力量。

长江人善购金额超过 334 万元，558 名低保村民人均因而增加 863 元，别小看这 863 元，这对他们来讲相当于全年收入增加三成以上。

后来，长江戈友购买了枸杞苗、增设了烘干房，支持当地农民成立枸杞产业合作社。如今，银河村已更名为"银河长江新村"，以感谢长江商学院在银河村精准扶贫中的贡献。长江遇上银河的佳话，传颂在八百里黄沙的戈壁之上。

戈壁是一个道场，在这里，脆弱的人变坚强，坚强的人变柔软。

公益的意义是让受助者独立，且有尊严地生活。2018 年，长江戈十三的公益项目从自然环境转向人文关怀，300 个长江戈友，历时一年，一对一地帮扶瓜州 300 个贫困家庭学生。

戈赛的"感动公益大使特别奖"是衡量一个院校正能量、爱与善行的重要指标，也是戈赛中最难获得的奖项，该奖项由各校提名，全体公益大使投票，投票率须达三分之二以上。长江"微笑 1 ＋ 1"的公益项目得以全票通过，长江商学院是戈十三唯一获得感动公益大使特别奖的院校。公益大使、长江的老戈友宋明选说："在长江，我再次看到了爱的力量、柔软的力量。试问，对这个社会而言，有什么比柔软带给我们的收获与感动更多呢？"

一切才刚刚开始

公益二字，重若千钧。长江商学院是第一家推出"48 小时公益学时"的商学院，过去做公益有个误区，市场的归市场，公益的归公益，市场强调投入产出最大化；而做公益，讲愿景讲爱心，但不谈管理与效率。长江的公益项目堵住了这个豁口，提倡以商业模式、智慧的头脑做公益。

纵观长江的校友，无不笼罩着公益的光芒，长江弱水三千，同学们各取一瓢饮，饮罢笑傲江湖，开宗立派，济世安民。

长江浩荡十几载，孕育了3条大河：一是终身学习，二是创新精神，三是全球担当。大河澎湃，也有交集，学习、体育、责任的汇流处是教育与公益。

彭一峰校友观察，长江校友文化经历了几个阶段，从初期的联谊形式到现在以学习和健康运动为主的校友文化，跑步成为长江校友的标配。其中，戈赛成为一个大平台，是健康、社交和公益的平台。

彭一峰举了一个例子，在戈壁，完全陌生的两个校友一起跑了20公里，跑着跑着跑出了交情。运动提升了长江人的凝聚力，曾经长江人个个都有自己的小圈子，大家都只和同班同期的校友相熟，而运动打破了这个界限，让更多校友相知相识。彭一峰说："体育的发展水平是衡量一个国家、一个社会进步的重要标志。所以对商学院来说，长江商学院的目标是培养一流的学生，而一流的学生必然是德智体美劳全面发展的学生。"

公益文化几乎是长江文化的胎记与基因。"我之前一直很忙，很少冷静下来思考，走了戈壁，我经常思考，怎么为需要帮助的人做一些事？公益事业的方向是什么，怎么做才高效？"彭一峰说。

这些年，长江的公益同样经历了几个阶段，从自发地捐钱捐物变成了用商业模式和创新思维去做公益。比如，长江的"善果"公益项目就是一种创新公益。在长江学到的知识和思维方式改变了校友做公益的方式。"善果"项目除了组织同学去买，扶植当地枸杞产业，更重要的是，改变以前输血式的公益模式，变为造血式的公益模式。

李小白，新丝路模特公司的老板，他从戈六开始上戈壁，见证了戈赛的历史进程，留下了"伟大是熬出来的"的戈壁感言。他说："这项活动对当代中国企业家的影响才刚刚开始。"

"理想、行动、坚持"，就这 6 个字，我们要真正去领悟它。理想是什么？有了理想以后，如何去行动？在行动的过程当中，你能不能坚持到底？现在很多人都在讲生活质量，李小白认为生活质量是建立在对生命认识的基础上的。他说："我们走过戈壁滩，我们走过盐碱地、路经骆驼刺，它们都代表大自然的存在。那么，我们就要思考，人类在征服它们的过程中，付出了多少？我们这一代人身上，又要回馈大自然什么？通过戈壁徒步这样一个行为，我们能不能回头多想想，能为自己做什么，能为社会做些什么？"

13

不畏未来，寻找下一个赛道

戈赛是公司的演练沙盘，一个队员冲 A 的过程类似于成为企业家的过程。商业和体育是两个不同的疆域，但竞争精神是一致的，甚至商界角逐的激烈程度一点儿不亚于体育赛事，企业家和运动健将一样，需要不断突破、不断刷新纪录。

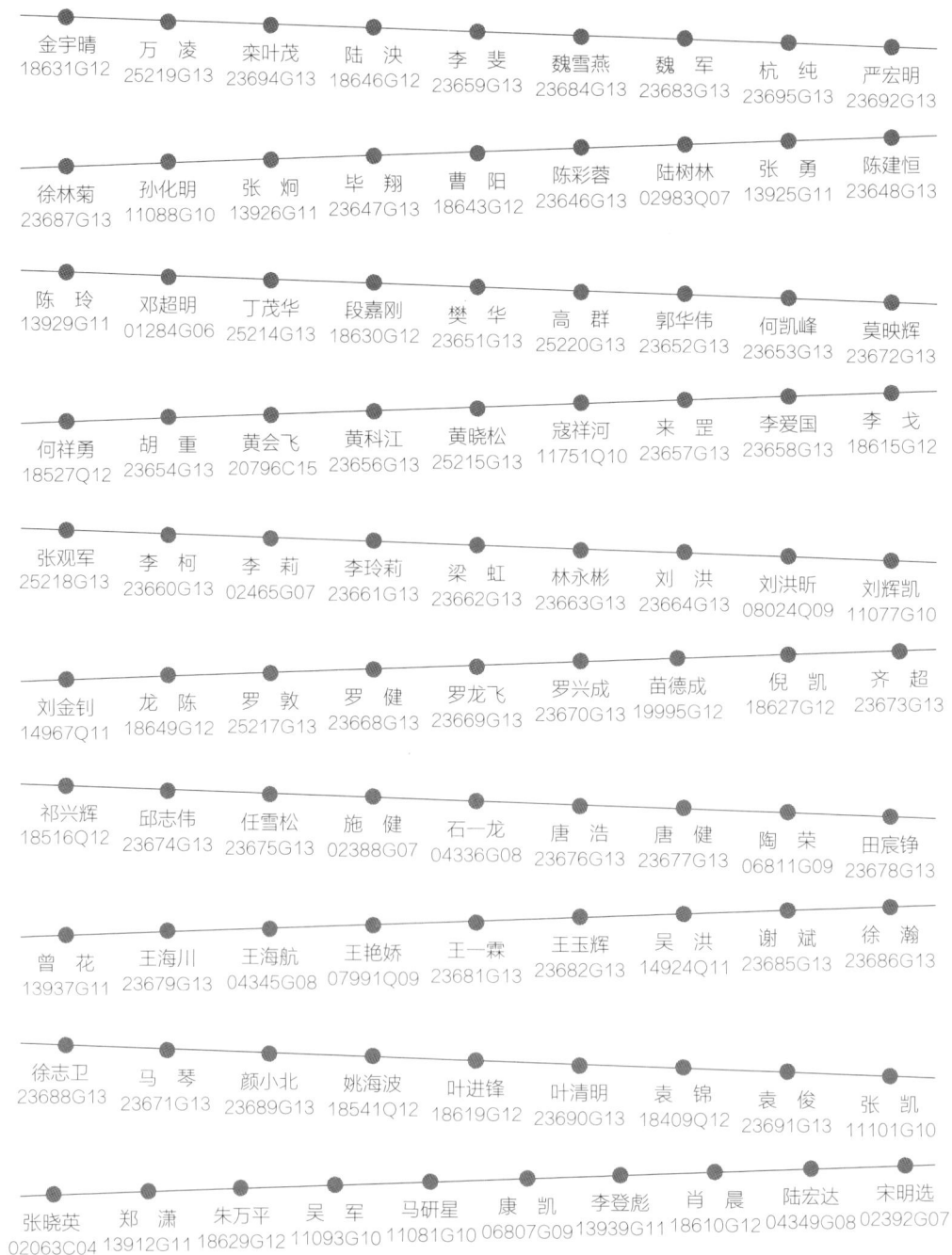

金宇晴	万 凌	栾叶茂	陆 泱	李 斐	魏雪燕	魏 军	杭 纯	严宏明
18631G12	25219G13	23694G13	18646G12	23659G13	23684G13	23683G13	23695G13	23692G13
徐林菊	孙化明	张 炯	毕 翔	曹 阳	陈彩蓉	陆树林	张 勇	陈建恒
23687G13	11088G10	13926G11	23647G13	18643G12	23646G13	02983Q07	13925G11	23648G13
陈 玲	邓超明	丁茂华	段嘉刚	樊 华	高 群	郭华伟	何凯峰	莫映辉
13929G11	01284G06	25214G13	18630G12	23651G13	25220G13	23652G13	23653G13	23672G13
何祥勇	胡 重	黄会飞	黄科江	黄晓松	寇祥河	来 罡	李爱国	李 戈
18527Q12	23654G13	20796C15	23656G13	25215G13	11751Q10	23657G13	23658G13	18615G12
张观军	李 柯	李 莉	李玲莉	梁 虹	林永彬	刘 洪	刘洪昕	刘辉凯
25218G13	23660G13	02465G07	23661G13	23662G13	23663G13	23664G13	08024Q09	11077G10
刘金钊	龙 陈	罗 敦	罗 健	罗龙飞	罗兴成	苗德成	倪 凯	齐 超
14967Q11	18649G12	25217G13	23668G13	23669G13	23670G13	19995G12	18627G12	23673G13
祁兴辉	邱志伟	任雪松	施 健	石一龙	唐 浩	唐 健	陶 荣	田宸铮
18516Q12	23674G13	23675G13	02388G07	04336G08	23676G13	23677G13	06811G09	23678G13
曾 花	王海川	王海航	王艳娇	王一霖	王玉辉	吴 洪	谢 斌	徐 瀚
13937G11	23679G13	04345G08	07991Q09	23681G13	23682G13	14924Q11	23685G13	23686G13
徐志卫	马 琴	颜小北	姚海波	叶进锋	叶清明	袁 锦	袁 俊	张 凯
23688G13	23671G13	23689G13	18541Q12	18619G12	23690G13	18409Q12	23691G13	11101G10
张晓英	郑 潇	朱万平	吴 军	马研星	康 凯	李登彪	肖 晨	陆宏达	宋明选
02063C04	13912G11	18629G12	11093G10	11081G10	06807G09	13939G11	18610G12	04349G08	02392G07

《西游记》中有一个故事，孙猴子困在一个罩子里，无法脱身，诸神仙也束手无策，唯有在金刚不坏的罩子中钻出个小孔来，才能闯出一片新天地。

在生活中，常有很多类似戈壁的场景，无论戈壁上还是戈壁外，任何时候都要学会去评估自己，对自己有一个清晰的了解。所谓遇见最好的那个自己，就是找到最真实的自己，学会控制自己、包容他人。正所谓不忘初心、不畏未来，戈壁是自己给自己的一个承诺，为了这个承诺，必须坚持下去。

参加戈赛之后，姚军梅梳理了一遍自己的优缺点，明白了自己能做什么、不能做什么，把过去不美好的记忆封存了起来，毕竟未来的路还很长。她在事业、情感、生活方面都重新开始，有了新的变化。

"生活也好，事业也罢，每个人都有自己普通意义上的短板。当想去突破自己的短板、攻克一个难题的时候，我们需要外界的力量来清除一些认知上的障碍，需要一个合适的方式去突破自己。有的人去登山，有的人去跑步，大家都在寻找人生的下一个跑道。"军梅说。

在跑步中，融化创业孤独

2017 年春节时，长江商学院 EMBA 在微信朋友圈推出了一段视频，核心就是孤独：

> 你高处不胜寒，你一个人在奋斗拼搏，你能不能找到和你一起往前走的人？

"孤独"二字击中了中国企业家的心。

阎爱民教授说，中国企业家是孤独的群体。创新不易，创业维艰，企业家面临着文化与执行的双重孤独，中国人又讲究领导要有领导的样，位高，必然衍生恐惧；立威，就要拉长距离。在自己的公司、企业内部，企业的领导者往往无朋友可言，乃至在同行业和同时代，一个卓越的企业家也是知音难觅。

长江人不端着，长江的戈友更是不装。当你是一位成功人士，备感 40 以后交友难，一路奔跑，过去的朋友不能并肩，生意场上的往来，彼此又多有戒心，点到即可，无法推心置腹。在公司，你是创始人、董事长或者高管，戴着面具生活，做老大就要有做老大的样。面具戴久了，渐成硬壳，初心与本色蜷缩其内。你需要一个平台，痛痛快快地摘下面具，各自忘记董事长、总经理等头衔，直呼其名，坦诚相见，忘却利益，各诉衷肠。

中国兴起户外热，也与近年来科技的发展有关。在网络时代，人们更加迫切从信息茧房里挣脱出来，找到那个内在的自我。这是一个注意力涣散的时代，海量的信息是一把噪音很大的电锯，将时间这面镜子无限制地切割。

戈友曾花聊到相处与独处的区别，在一群人中间，可排遣孤独，也容易"忘我"；只有独处的时候，才会看清自己。同样，在信息的包围轰炸下，一个人任凭时间盲目流失，丧失了独立思考的能力。没有信息斋戒，就没有专注。

"你发现了吗，现在大腹便便的老板少了。大家都爱说，如果你控制不了自己的体重，还怎么管理自己的人生？"戈友曾花说，移动时代，运动越来越社交化，约上三五好友，大家在跑步的过程中加深了友谊。这样，朋友之间也就有了更多的话题和共同的兴趣爱好，大家也乐意打造一个阳光上进的个人形象，愿做健康与时尚的传播者。在运动为美、瘦子当道的当下，越来越多的人参与到跑步健身的队伍中。

跑步门槛低，人天生就会跑，但跑步又是一段孤独的旅程，身处社交网络中可以去除这种孤单感，每个正能量的答复都是激励。

要想感知户外，就要践行。曾花说："我刚刚开始跑的时候，配速是6分多，那时我觉得很轻松、很舒服，但是跑着跑着，我就会觉得，我怎么能够让自己一直保持在一个那么舒服的状态呢？我的企业不能这样，我也不能这样，不是我们认为的舒服的状态就是最好的。于是我又加快了步伐，配速提到了5分多。这样循序渐进，速度自然也会跟上来。"

运动也会上瘾。曾花带动了许多朋友爱上了户外活动和运动，在大自然中卸下所有的掩饰，交真诚的朋友，与内在的自我对话。"花花世界"是曾花亲率的户外团队的名字，她带领大家穿越库布齐沙漠、自驾老掌沟、畅游最美原乡。"在闲暇的日子，收拾简单的行囊和心情，与我一起上路，走一走那最美的原乡，踏一踏那无人的沙漠，嗅一嗅那在凛冬倔强开放的小花，看一看在茅草屋畔低头啃草的牧羊，和朋友们一起阅尽好山好水。"

有一次，曾花参加 100 公里夜行军，晚上 8 点出发，次日早上 8 点抵达。前半段呼朋唤友、人语喧哗，到了后半夜，队伍拉开，夜阑静寂，脚步声声声入耳。在极安静、极疲惫的状态下，不能停下休息，脑子就开始活跃思考："身处繁忙的都市，其实很少有机会审视内心，自己与自己对话。企业、工作、生活的各方面思绪在跑步时慢慢沉淀下来，平时厘不清的，在这时一下子就想通了。"

戈赛是企业家的练兵场

长江戈赛组委会每年的换届都备受瞩目，其关注度甚至超出了校友会的换届，大家对戈赛有感情，热爱之，才会在乎。戈十一组委会主席王华锋谈到，戈壁挑战赛有目标、有行动、有组织、有理念，一支戈赛队伍就是一个目标小组、一个系统工程，"我们把戈赛当作一家企业或公司来做"。备战戈赛首先是搭班子、选拔负责人，类似公司的 CEO。有了负责人后，设立目标、建设队伍、细致分工，有负责竞技的，就是 A 队建设；有负责 B 队和 C 队的，主抓群众建设；有募资的，这就是财务官。出征仪式好似公司的揭牌开业，回归日好似公司的年度总结，"今天的戈赛已经是一家公司的完善模型"。到了戈十一，还出现了首席宣传官，戈友曾花打造出长江戈赛的品牌。

戈赛是公司的演练沙盘，一个队员冲 A 的过程类似于成为企业家的过程，在戈赛中的角色也类似于在公司的角色，唯一和公司不同的是，戈赛更加考量人性，有超出公司范畴的内涵。商业和体育是两个不同的疆域，但竞争精神是一致的，甚至商界角逐的激烈程度一点儿不亚于体育赛事，企业家和运动健将一样，需要不断突破、不断刷新纪录。

> "
>
> **商业和体育是两个不同的疆域，但竞争精神是一致的。企业家和运动健将一样，需要不断突破、不断刷新记录。**
>
> "

戈十一时，长江商学院认定戈九 A 队队员王华锋挂帅组委会主席，华锋事必躬亲，重振戈赛士气。戈八、戈九、戈十这 3 届已经迈进科学训练的体系，但保留了一些浪漫主义的色彩，有些细节是模糊的。戈十一严谨治军，鉴于往届的经验和教训，开始扫除一切不科学的死角。以营养为例，戈十一冲 A 的队员按照队医要求，加强营养，补充血红素，走专业化的竞技之路。

此时，戈赛的大环境又起风云，强敌环伺，上海交大吸纳了一批来自社会的跑步高手，实力空前，长江与交大短兵相接，打了一场漂亮的夺冠拉锯战。

上海交大的戈十一 A 队体育人才济济，在入学前，6 名队员的马拉松成绩在 3 小时左右。而长江的 A 队队员上戈赛前，绝大多数是跑步新手、体育小白，甚至 10 多年没有锻炼过了，一切都是从零开始，拼搏苦练才出了成绩。

在戈十一，长江戈友第一次直面堪称专业队组合的挑战，但他们恪守了长江的底线，捍卫了企业家的尊严。

一个是先天特长，一个是后天拼搏，4 天的比赛，不是在比拼谁跑得快，而是两种理念之争。两类商学院的不同理念在戈壁上演练了一场现实版的肉搏和竞争。

戈十一正赛的第三天傍晚，组委会主席王华锋和队长李登彪在激烈的赛事间隙，小憩散步，华锋问登彪："结束了，有什么打算？"

登彪问："打算干什么？"

王华锋说："戈十二啊。"

长江的惯例是上届队长当下届组委会主席。作为戈十一的领队，王华锋和队长李登彪聊到交接，登彪当时还沉浸在戈十一的激烈赛事中，王华锋以过来人的口吻告诉队长："戈十一已经结束了，你真正能够享受的就是今天下午，现在我们俩还可以在空旷的戈壁走一走，明天以后，哪还会有这个心思。无论名次如何，大家都会非常兴奋，一起欢乐地聚会，释放一年备战的压力。"

王华锋是戈十一长江戈赛组委会主席，这也是11年来，长江戈赛第一次明确主席职位，由他统领指导。正是在这个下午，李登彪才知道作为队长下一站的使命是当领队，当领队是一种传承，也是一种责任，不当反而是回避。从戈壁回来后，登彪给王华锋发了一条短信："我总觉得戈十二中还有未竟之事，还要延续下去，我想再干一次。"以此表明愿意申请当戈十二的领队。

后来，长江委托王凯担任戈十二组委会主席，登彪接到通知，放下电话，有一种类似失恋的失落与纠结。从传的角度说，上一届的领队王华锋传了；从承的角度说，李登彪接了这个担子。有传有承，付出这么久，结果事不遂愿，他一个月没去公司，自6月1日到7月9号，这40天在煎熬中度过。

在有的老戈心中，戈赛好像一个江湖，是这些创业精英在商圈摸爬滚打多年以后，心灵安顿的一个桃花源。既然是江湖，就有人人皆知却没有明文的规则。商学院贵在管理透明，但长江与中欧，一北一南，两大商学院的特质有所不同，中欧崇尚明文细则，长江的有些规则在校友的心中，不常提及，但身体力行。

王凯作为戈十二组委会主席，参加过戈十 C 队，且为戈十一组委会成员。这个任命打破了过去的约定俗成的惯例，依照惯例，上一届 A 队队长担任组委会主席。其一，王凯没有 A 队经验，能否出任戈十二组委会主席一职，在内部有争议。其二，按照惯例，上一届组委会成员不连任下一届，这个不成文的规则在戈十二也打破了。

规则可以改，但要公开改的背景和原因。A、B、C 队本是一家人，不分彼此，不是只有参加过 A 队、担任过 A 队队长的人才能出任组委会主席一职。无论长江同学谁来担任戈赛组委会主席，对于戈赛，他必然抱有极大的热情与担当，但在戈壁集训、赛场熟悉、理解戈赛这 3 个层面上，A 队成员显然有更多的优势。这不是孰强孰弱的问题，而是戈赛的组织机制造就的。

戈赛是一个系统工程。没有冲过 A 的人，很难切身体会从 0 到 1 的身体重塑过程；没有建过训练站的人，不熟悉发现一个个种子选手的过程；没有在戈赛和队友一起奔跑的人，很难深刻理解什么是冠军精神。

价值观是一个公司的灵魂，但组织管理才是公司长远发展的依赖。戈赛不是某一个人的，也不是某一个团体的，戈赛是寻找企业家精神的地方，是商界精英在大漠黄沙这个道场做梦的地方，是一代代戈壁勇士用血汗换来的心灵家园，每位戈友有责任建设之、保护之、捍卫之、弘扬之，而最好的保护与弘扬就是建章立制。

学校邀请登彪加入组委会，他婉拒了，不进组委会，一样支持戈赛。戈十二正赛，他在赛场当兔子领跑队友。他与戈赛拍拖 3 年，2015，李登彪冲 A 当队长；2016，重塑北京训练营；2017，挂帅戈十三组委会。

戈十到戈十三，如果我们把长江戈壁史中的长江两个字划掉，这 4 届也是戈壁史上最波澜壮阔的三届。

A 队的价值观冲突，其实根源在组委会。如果不把组委会说透，就无法理解长江戈壁。

长江戈十二开启了日式的精细管理，戈十二组委会主席王凯原在外资企业，后来创业。王凯的就职演讲也是一张工作进度表，清晰明了，他将程序化、流程化的管理引进戈赛。饶南负责 A 队，主管训练；罗霆管 B 队；曾花带 C 队。大家每月、每周交纳训练进度表，完成的打对号，不打折扣，严格执行，不管过程，只看结果。

王凯常对戈十二团队说："辛苦你们啦，拜托啦。"

其实，戈十二组委会是一个强势的组委会，打破了一些规则，但也重塑了规则。组委会成员组成不受外界干扰，根据戈赛实际需要组建组委会，不考虑地区、所在领域、A 队经历和社会身份。A 队尤其采用了军队式治理，推崇令行禁止，但这个强势是多维度的，也是相对的。戈十二最大限度地挖掘队员的智慧、潜力，戈十二组委会常对 A 队队员说："你们有两条腿，最重要的是你们还有一个大脑，要学会有策略地竞赛。"

从选拔到探路、路线制定、战术演练，A 队全体参加，集体讨论。但定名单的就只有组委会竞赛组负责人饶南一人，"一个人拿主意不是压制别人，因为拿主意的人要承担责任，我勇于承担这份责任"。

戈十二开赛前，A 队队员谭进、陈琬在戈壁滩住宿一个月，探路、熟悉路线。"为什么他们有这样的积极性？因为组委会充分尊重他们的智慧、主观能动性，给了他们明确的责任分工。路线这件事就是他们俩负责的。他有这个压力，有这个责任，就会付出。这都是戈十二与众不同的地方，它一定要充分调动所有人的积极性。"

戈十二，长江在 A、B、C 队都有斩获，验证了管理出效果的逻辑。戈赛的发轫与成长，就像一家公司的发展壮大，回顾戈赛前几届，是体验与竞技的理念之争，戈壁精神到底是什么？如何定义戈赛，这就好比一家公司的定位是什么。戈八重塑了赛事的基因，之后几届虽有波折，但正在走向科学训练的道路，延续到戈十二，管理从粗放到制度化，注重细节。

戈十二组委会成员罗霆说：长江，是一种文化、一种血脉。就像长江作为母亲河孕育了中华民族一样，长江商学院的理念、价值观、基因也是长江戈壁的基础。戈壁，戈壁的精神是玄奘精神，玄奘精神是坚持和信念，克服九九八十一难，最终修成正果。在这里，最重要的就是如何理解修成正果，那就是，朝着正确的方向，用正确的方法，带来正确的结果。偏离了这个，也就偏离了戈壁的精神。

长江戈壁史，重要的不是辉煌璀璨，而是传承绵延。古往今来，多少仁人志士都想做改变历史的人，但是历史从来不会被改变，它只是客观公正地记录下一切，任由后人评说。

戈赛越有影响力，夺冠越重要，各家商学院就越重视借戈赛成绩打商学院的品牌。在这一点上，长江戈友坚持戈赛的本质是 EMBA 在籍同学之间的竞赛，而不认同有些商学院为此特意放宽入学条件，为夺冠而夺冠的做法。

多位老戈表达，长江戈赛 A 队的建设已经趋于完善，而组委会的搭建传统依然是一届带一届、一届管一届，组委会的管理经验由一帮老戈们的心血沉淀，这些带兵打仗的经验只是口耳相传，没有成文，形成明晰的条例。这就意味着，这些用汗水浇灌出的管理心得只是在本届奏效，戈赛结束后，上届组委会解散，组织新的一届，没有沉淀和延续。况且，今日之戈赛，长江虽英勇，但强敌环伺，每一届的组委会都担负着夺冠的光荣与梦想，其中压力可想而知。

我们不妨以开放的心态，反观其他商学院。中欧商学院每年组织回归日，邀请各商学院跑步达人参加，组织友谊跑步比赛。中欧有戈友会组织，由戈友会统筹一切，选举每届的戈赛组委会，传承有序。

长江在戈赛走过 13 载，此火种在 9 级大风中吹过，在漫天沙尘暴中刮过，在炙热的黑戈壁中烤过，在湍急寒冷的疏勒河中淌过，经久不息、越燃越旺。这就是一届又一届的戈友通过捍卫原则而得来的结果。2018 年，戈赛这家公司已经走到第 13 个年头，戈壁的大环境又有变数。戈赛的规则、战术趋于透明，每家商学院谙熟于心，各种战术组合不再是秘密，没有那么玄乎，区别就在于能否做得到位、做到极致，以及新老配合程度与队员之间的化学反应。这个化学反应，各个学校不同，与每家商学院的特质有关，与每家商学院的同学性格有关。也就是说，长江的同学，才是长江最大的竞争力之一。

有人问：为什么戈赛一定是商学院的同学参加，而不是文学院、医学院或者其他专业的人群呢？

这个问题很简单，戈赛最大的特点就是团队赛，团队协作是基本要求，谁最追求团队精神？企业。没有任何一家企业是一个人干成的，一个人再牛，也无法独撑一家公司或企业。对照其他领域，文学家可以独立完成一部传世名作，一名卓越的医生可以精通全科、独自行医，科学家可以独居几十载攻克某项科研难题。文学院、医学院、法学院等都有可能单打独斗，只有商学院的企业家们不可能单打独斗。

"理想·行动·坚持"，戈壁上的管理课

> 如果你发心力克对手、勇争第一，请坚守它；如果你发心把自己当成唯一的敌人，克服自己心中的贪婪、恐惧、懈怠，请坚守它……无论你的发心是什么，都不要让别人的标准成为你的标准，都不要让别人的荣耀遮蔽了你的心灵。

和早期戈友一样，戈十三组委会主席李登彪与戈壁也有不解之缘。

2014 年，李登彪入学长江商学院 EMBA 二十五期。二十五期三班有"戈壁班"的雅号，三班为戈赛输送多名将才，包括戈十 A 队队长孙化明、"跑步一哥"罗德曼，李登彪后来是戈十一 A 队队长。

李登彪 2016 年 5 月 16 日毕业，5 月 21 日，戈十一鸣锣开赛。在同学心目中，戈赛是一个欢乐的毕业大派对。二十五期 130 多位同学都去了戈壁，浩浩荡荡给长江戈十一助威。

2015 年 8 月，李登彪临时决定参加在金海湖进行的戈十一启动仪式，现场借了戈友方飚的一双鞋，到白沟跑步，与刘刚、万凌、区傑编入第五纵队。这个纵队老戈与新戈混编，共 15 人，模拟戈赛，互相拖带，取得了第九的成绩。登彪当时不了解玄奘之路，不熟悉戈壁，但通过这次跑步演练，已经理解了戈赛的精髓。

第一次跑 15 公里，登彪的成绩不如女生区傑。一则因为新鲜，二则是受了刺激，8 月 23 日，他决定冲 A。冲 A 的日子很充实，学校组织同学们到荷兰、以色列考察学习，别的同学受到异域文化吸引，但他惦记的是，首先将跑步任务完成。他每天最期待跑完步大汗淋漓的热血快感，这种感觉与商场应酬时醉酒的迷离疲惫截然不同。

汉理资本的创始人钱学锋是登彪的入学引荐校友。李登彪来长江的背后，是一个创业者普遍拥有的时代困惑，一大波民营企业家面临公司的发展瓶颈，想求变革新，寻找方向。平常公司业务中只是甲乙方的关系，很难交到真心朋友，他的朋友圈依然停留在大学、同学的交际圈，但这些同学天各一方、常年不得见，大家境遇不同，交心的次数越来越少。长江提供了一个平台，没有业务，却可以交到朋友。创业以来，忙忙碌碌，生命中有些部分是缺失的，同窗情填补了这份空白。如果不来长江，不去跑步，那就肯定是和客户在一起，泡在酒局里，大家来到长江后，突然找到了一个完整的时间段，有个理由、有个机会，停下来问问：心里想要什么，生活里差点什么，在四十不惑的年龄还能追求什么？如果不是因为来到长江，这些创业者绝大部分都会忙得如陀螺一般，没有间歇的空当期，毕竟业务大于天，生活的全部就是工作和公司。

二十五期三班有位京剧大腕史依弘女士，登彪和史依弘一起做过新生入学主持，史同学是梅派大青衣，她的场子一票难求，但在班级内，却甘为同学清唱一曲。来到长江，加入拓展队，融入一个班级后，集体感就像春天里泥土中的小虫子一样苏醒了，如果不在这个大家庭，你的魂魄在各种业务和冗事上牵系着，很有可能避开这些团队事务，依旧在自己的圈子蛰伏、沉潜。

登彪的故乡在新疆，从小在兵团长大，出门看去，大河、沙漠、原野，视线中没有障碍物，这造就了新疆人直爽敞亮的性格，有啥就爱挑开说。戈八的范宇、戈九的姚军梅都是新疆人。

1996 年，登彪只身从新疆来到北京，从遥远的边境线来到首都。他的籍贯本是甘肃酒泉，但从来没有回过甘肃，他在新疆长大，后在北京上学创业，没想到在四十不惑的年龄，以参加戈赛的方式回到了原籍。他的父亲在嘉峪关长大，在戈壁跑步的时候，登彪常常想到，这片土地正是父亲小时候生活的地方，这里有长辈留下的脚印。玄奘之路，也是一次寻根之旅。

戈壁是块试金石，你此生要的是什么

戈壁是故乡，也好似一位恋人，你遇到她，四目传情，心心相印，曾经拥有，还惦记天长地久。来自新疆的汉子李登彪对于这份戈壁情，拿得起却一时放不下。

从戈十一到戈十三，有些波折，事后思忖，登彪喜欢这个过程：热恋、分离、低谷、相逢、再续前缘。如果没有间隔，没有那一个月的煎熬和挣扎，没有中间一年的沉淀，他对戈赛的理解，不会有今天这样丰满。

参加戈赛，就像赴一场约会、参加一个派对、谈一场刻骨铭心的恋爱。恋爱令人死去活来，恋爱令倔强的人放下尊严，恋爱也会令人失去原则，恋爱可以令人做出所有啼笑皆非的事情，可以唤醒强大的力量和勇气。

戈十一冲 A 的那个冬季，北京最冷的一天，队友们在奥森跑步，呵气成冰，眉毛上结着霜，戈赛的使命感感召着、激励着每一个队友。然而，这场恋爱终究会结束，谁也不会和戈壁结婚，戈赛终究是生命中的一段记忆，只是你的生命从未如此真切地绽放过，焕发出如此强大的力量。这样的感觉在青春年少时未曾经历，在事业巅峰时未曾感受。戈壁为你带来了心动和心跳，这样的经历足以令你的人生丰盈充实。

戈壁是一块试金石、一个练兵场，很多人羡慕冲 A，很多人选择冲 A 却坚持不住，很多人坚持住了但要紧关头顶不住，他们对戈壁只是向往，没有不休不止的渴望与爱恋。明代小品《幽梦影》中说："阅《水浒传》，至鲁达打镇关西、武松打虎，因思人生必有一桩快意事，方不枉在生一场。"对戈友来说，冲 A，然后打一场漂漂亮亮的比赛，就是人生一桩快意事。

登彪家里，钢琴上醒目地摆着戈赛所有的奖牌。朋友问他的女儿："你爸爸做什么工作？"小女孩天真地回答："我爸爸是跑戈壁的。"有一次，他在出差，太太拍了一张照片，女儿的拳头上描画着戈十一，登彪看了，热泪盈眶。

下了戈壁，戈友们常说："人生有什么大不了的呢？"

太太赞登彪，参加戈赛改善了性格："我比较喜欢你现在的状态，宠辱不惊，从容淡定。"登彪创业时，好像上了发条，陷入对速度的迷恋，走路时常小跑，上个洗手间也是匆匆忙忙，忘了缓慢也是一种力量。

到底是什么让你的生活如陀螺一般停不下来？到底是什么驱使你马不停蹄、一路狂奔，没心情看沿途的风光？为什么你的生活这样毛毛糙糙、风风火火？你是活着，还是生活？事业与兴趣，家人与朋友，你想过几何，想明白了没，想透了没？此生，你要的是什么？

创业和运动一样，就是一场马拉松

登彪反对神话戈壁，更反对妖魔化戈壁。

戈壁文化是长江商学院文化的组成部分之一，16 年来，长江商学院之所以一直在戈赛的前三甲，就是因为团队能把个人价值放到最小，把团队利益放到最大。

创业和运动一样，就是一场马拉松，必须时刻调整心态，坚定信心，才能坚持到最终的胜利。

人生需要信仰，创业更需要信念，跑步需要亲力亲为，没有人能替你跑。作为老板，这次不能指挥别人去跑，而是自己一步步跑将过去。有时候，登彪会在工作之外挤时间完成当天的跑步任务。比如，下车跑步，司机在一旁慢慢开，这是司机师傅最幸福的时刻，他在悠闲开车，老板却在淌着汗、喘着粗气跑步。

对很多人来说，来到戈壁重要的收获是，人生的轨道经历了一次改变，收获了满满的正能量。在商海中历练，在社会中沉浮，你的身心吸纳了不好的东西或者根本不喜欢的东西，这次则迎来了你主动选择的很喜欢的一场赛事的洗礼，可以体验一把"我说的、我干的、我成了"的完整心路历程。当了若干年老板以后，难得还能有这样的切身感受。

企业家都是目标感很强的人，怕的就是没目标，找不到值得奋斗的目标。大家创业，不是谁在前面划了一条路指着走，而是没路自己硬生生开辟一条。然后，突然到了一个转折处，企业的规模、用人、资本等有了新问题，创业者没了方向感等于没有目标感。在互联网浪潮下，转型是大多数中国民营企业面临的课题。

"

创业和运动一样，就是一场马拉松，必须时刻调整心态，坚定信心，才能坚持到最终的胜利。

"

中国企业多生于草莽，野蛮成长，竞争激烈，变数极大，在风云多变的市场下，很容易失去方向感。找不到北的时候，干吗去？戈壁是一个短暂的寄托。戈赛是一座驿站，企业家们在此短暂休整一下，沉淀一下，思考未来。如果不来长江，不来戈壁，你的生活将继续在固有的轨道上滑行，没有变化，无法看到别处的风景。固有的状态也不会激发你的思考和改变。

玄奘之路，取的是经，渡的是心。玄奘精神的现代折射就是企业家精神，而企业家精神彰显了长江人的精神特质、对赢的渴望以及对冠军不休不止的追求。

带着未了情，李登彪重振北京训练营，通过民主投票，组建了戈十三组委会，率领长江戈友与大漠黄沙、与上海交大贴身肉搏，再次奉献了一场巅峰赛事。

甘肃敦煌，戈十三英雄归来的晚宴上，李登彪说："为了冠军，我们打光了所有的子弹，付出了所有的力量。比赛结束，我们把夺冠这项任务交给未来的长江，留给戈十四。戈十三的长江戈友们，很多是为了戈壁而来的，很多是为了朋友而来的，还有很多是为了这场聚会而来的。戈十三，是一场有关戈友的聚会，这就是一个大家庭，老朋友是为了家人而来的，新朋友是为了加入这个大家庭而来的。长江戈友这个大家庭非常有魅力，充满了爱与友谊。

"长江戈友就是一代传一代，一届传一届。玄奘之路的魅力永远存在，我们需要在敦煌喘一星期的气，可能明年我还需要。在这个赛道上，我们看到长江人的黄色服装、蓝色帽子与蔚蓝色的大旗，就感觉非常踏实、非常激动。我有时候觉得自己有些傻，为了一个和工作、企业根本无关的事

209

情奋斗了 3 年，到底为了啥？人终究是要有些梦想的，如果我的事业可以做 60 年，我为什么不能腾出 3 年做自己喜爱的事情呢？"

登彪看了看站在一旁的队友罗德曼，他说："我和老罗没有机会带领团队组织戈赛了，但是我们对戈壁的这份爱，对长江的这份情，将会永远存在。"

未来，属于终身学习者

我这辈子遇到的聪明人（来自各行各业的聪明人）没有不每天阅读的——没有，一个都没有。巴菲特读书之多，我读书之多，可能会让你感到吃惊。孩子们都笑话我。他们觉得我是一本长了两条腿的书。

——查理·芒格

互联网改变了信息连接的方式；指数型技术在迅速颠覆着现有的商业世界；人工智能已经开始抢占人类的工作岗位……

未来，到底需要什么样的人才？

改变命运唯一的策略是你要变成终身学习者。未来世界将不再需要单一的技能型人才，而是需要具备完善的知识结构、极强逻辑思考力和高感知力的复合型人才。优秀的人往往通过阅读建立足够强大的抽象思维能力，获得异于众人的思考和整合能力。未来，将属于终身学习者！而阅读必定和终身学习形影不离。

很多人读书，追求的是干货，寻求的是立刻行之有效的解决方案。其实这是一种留在舒适区的阅读方法。在这个充满不确定性的年代，答案不会简单地出现在书里，因为生活根本就没有标准确切的答案，你也不能期望过去的经验能解决未来的问题。

湛庐阅读APP：与最聪明的人共同进化

有人常常把成本支出的焦点放在书价上，把读完一本书当做阅读的终结。其实不然。

时间是读者付出的最大阅读成本
怎么读是读者面临的最大阅读障碍
"读书破万卷"不仅仅在"万"，更重要的是在"破"！

现在，我们构建了全新的 "湛庐阅读"APP。它将成为你"破万卷"的新居所。在这里：

- 不用考虑读什么，你可以便捷找到纸书、有声书和各种声音产品；
- 你可以学会怎么读，你将发现集泛读、通读、精读于一体的阅读解决方案；
- 你会与作者、译者、专家、推荐人和阅读教练相遇，他们是优质思想的发源地；
- 你会与优秀的读者和终身学习者为伍，他们对阅读和学习有着持久的热情和源源不绝的内驱力。

从单一到复合，从知道到精通，从理解到创造，湛庐希望建立一个"与最聪明的人共同进化"的社区，成为人类先进思想交汇的聚集地，共同迎接未来。

与此同时，我们希望能够重新定义你的学习场景，让你随时随地收获有内容、有价值的思想，通过阅读实现终身学习。这是我们的使命和价值。

湛庐阅读APP玩转指南

湛庐阅读APP结构图：

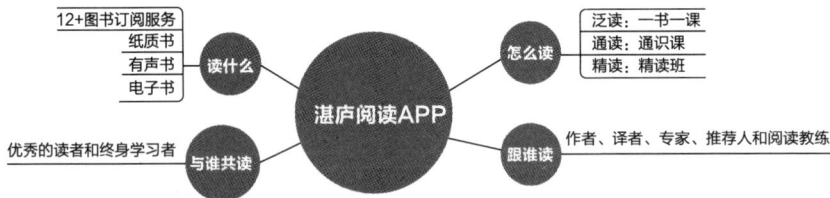

12+图书订阅服务
纸质书
有声书
电子书

读什么

湛庐阅读APP

怎么读

泛读：一书一课
通读：通识课
精读：精读班

优秀的读者和终身学习者　**与谁共读**

跟谁读　作者、译者、专家、推荐人和阅读教练

三步玩转湛庐阅读APP：

读一读 ▼

湛庐纸书一站买，
全年好书打包订

书城

听一听 ▼

泛读、通读、精读，
选取适合你的阅读方式

扫一扫 ▼

买书、听书、讲书、
拆书服务，一键获取

扫一扫

APP获取方式：
安卓用户前往各大应用市场、苹果用户前往APP Store
直接下载"湛庐阅读"APP，与最聪明的人共同进化！

使用APP扫一扫功能，
遇见书里书外更大的世界！

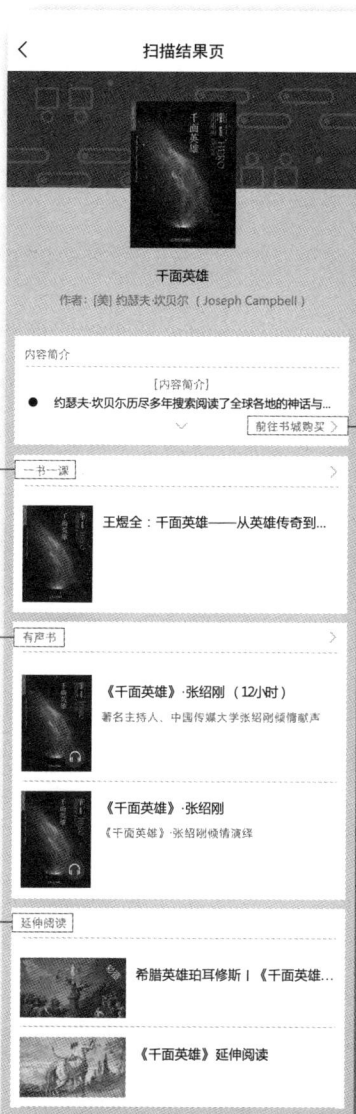

扫描结果页

千面英雄

作者：[美] 约瑟夫·坎贝尔（Joseph Campbell）

内容简介

[内容简介]
● 约瑟夫·坎贝尔历尽多年搜索阅读了全球各地的神话与...

前往书城购买

快速了解本书内容，
湛庐千册图书一键购买！

一书一课

王煜全：千面英雄——从英雄传奇到...

大咖优质课、
献声朗读全本一键了解，
为你读书、讲书、拆书！

有声书

《千面英雄》·张绍刚（12小时）
著名主持人、中国传媒大学张绍刚倾情献声

《千面英雄》·张绍刚
《千面英雄》·张绍刚倾情演绎

你想知道的彩蛋
和本书更多知识、资讯，
尽在延伸阅读！

延伸阅读

希腊英雄珀耳修斯｜《千面英雄...

《千面英雄》延伸阅读

延伸阅读

《黑石的选择》

◎ "股神"巴菲特盛赞，全球私募之王黑石集团创始人彼得·彼得森亲笔写作，坦诚公开横跨商界、政界、非政府组织的传奇一生。

◎ 中国银行业协会首席经济学家巴曙松、高毅资产董事长邱国鹭重磅推荐！

使用"湛庐阅读"APP，
"扫一扫"获取本书更多精彩内容
ISBN 978-7-213-08826-1

《鞋狗》

◎ 《纽约时报》畅销书，比尔·盖茨特别推荐，"股神"巴菲特读过最好的书之一！

◎ 耐克创始人菲尔·奈特写心力作，优客工场创始人毛大庆倾情翻译。

◎ 还原耐克"从0到1"的创业史话，巨献创业和管理的标杆！

使用"湛庐阅读"APP，
"扫一扫"获取本书更多精彩内容
ISBN 978-7-5502-8446-3

《精英的人格魅力课》

◎ 谷歌、德勤等《财富》500强企业高管的魅力培训师倾力打造，风靡哈佛、耶鲁、伯克利、麻省理工学院的超人气课程！

◎ 揭秘精英的人格魅力技巧，提升你的魅力指数，让越来越多的人喜欢你、信任你、追随你！

使用"湛庐阅读"APP，
"扫一扫"获取本书更多精彩内容
ISBN 978-7-213-08807-0

《创意天才的蝴蝶思考术》

◎ 达尔文、爱因斯坦、爱迪生、乔布斯等都使用过的思考方法！

◎ 斯坦福大学创新大师奥利维娅揭秘创意天才的灵感来源，手把手教你像天才一样思考，让灵感和创意源源不断迸发。

使用"湛庐阅读"APP，
"扫一扫"获取本书更多精彩内容
ISBN 978-7-5536-7386-8

图书在版编目（CIP）数据

当戈壁遇见长江/小刀崔著 . — 杭州：浙江人民出版社，
2018.10
 ISBN 978–7–213–08944–2

 Ⅰ.①当… Ⅱ.①小… Ⅲ.①商业管理—通俗读物
Ⅳ.① F712–49

中国版本图书馆 CIP 数据核字（2018）第 216034 号

上架指导：经营管理 / 商业

当戈壁遇见长江

小刀崔　著

出版发行：浙江人民出版社（杭州体育场路 347 号　邮编　310006）
　　　　　市场部电话：（0571）85061682　85176516
集团网址：浙江出版联合集团　http://www.zjcb.com
责任编辑：方　程
责任校对：杨　帆
印　　刷：北京富达印务有限公司
开　　本：720mm × 965mm 1/16　　　印　　张：14.25
字　　数：158 千字　　　　　　　　　插　　页：18
版　　次：2018 年 10 月第 1 版　　　印　　次：2018 年 10 月第 1 次印刷
书　　号：ISBN 978–7–213–08944–2
定　　价：69.90 元

如发现印装质量问题，影响阅读，请与市场部联系调换。